ポスト地方創生

大学と地域が組んでどこまでできるか

平井太郎 編著

北原啓司　藤﨑浩幸　佐々木純一郎　土井良浩
白石壮一郎　杉山祐子　近藤史 著

弘前大学出版会

－ 目　次 －

序　地方創生の次のステージへ ………………………… 5
　　平井　太郎

1．2つの共同研究：一般の集落における
　　地域づくりと農山漁村での地域づくり …… 13
　　平井　太郎

2．都市計画からの挑戦 …………………………… 30
　　北原　啓司

3．農村計画学の挑戦 ……………………………… 48
　　藤﨑　浩幸

4．経営学の中小企業論からの挑戦 ……………… 77
　　佐々木　純一郎

5．地域計画学の挑戦 ……………………………… 98
　　土井　良浩

6．人類学の挑戦 ………………………………… 124
　　白石　壮一郎・杉山　祐子・近藤　史

7．社会学の挑戦 ………………………………… 161
　　平井　太郎

8．総　括 ………………………………………… 195
　　平井　太郎

本書に掲載している地図は、すべて「白地図専門店」（http://www.freemap.jp/）から抜粋し、編者が加工をおこなった（ただし、個別に出典を記載した p49、p102 の地図は除く）。また、写真および表についても、特に記載がない場合は、各章の筆者が撮影、作成をおこなった。

序　地方創生の次のステージへ

平井　太郎

　この本は、弘前大学のさまざまな分野の研究者が共同で取り組んだ挑戦の軌跡である。そこでは、青森県内の地域のみなさんとともにどのような地域の未来を切り拓けるかが目指され、そこから引き出されてきた展望がそれぞれの学問的立場から描かれている。

　一連の挑戦が始まるきっかけは2014年から始まった「地方創生」である。現在、多くの地域では人口減少から持続可能な未来が展望しづらくなり閉塞感が漂っている。この打破を目指す国の基幹的な施策が「地方創生」である。そこでは、国だけでなくすべての地方自治体が総合戦略を策定し、各年度1兆円の事業費をもとに、さまざまな施策が展開されてきた。その内容も、地方創生の制度上の呼称が「まち・ひと・しごと創生」とされているように、地域の基盤整備（「まち」）から人材育成・人口移動調整（「ひと」）、さらには産業・雇用創出や労働形態改革（「しごと」）に及ぶ、ほぼあらゆる分野を網羅した総合的なものとなっている。

　このような政策展開から地方国立大学も無縁ではない。ちょうど「地方創生」が論じられはじめた2013年11月に国から「国立大学改革プラン」が発表され、これに沿ったさまざまな取組みが展開されてきている。弘前大学でも、国の総合戦略が公表された2014年12月に、「「地域志向」大学改革宣言（学長宣言）」を発表し、あらためて地域のさまざまな関係者とともに、地域の未来を展望する教育・研究・社会貢献活動を推進することとなった。この本の著者たちもそうした大学の活動の一翼を担い、地域のみなさんと膝詰めで議論を交わしてきた。

　しかし同時に私たち著者は、地方創生が叫ばれる前から、青森だけでなく日本各地、あるいはアフリカなどの世界各地で、地域のみなさんと

ともに研究・教育実践を重ねてきた。そこでの実践では、まさに地方創生で焦点が当てられた「持続可能な地域のあり方とはどのようなものなのか」という問いに、それぞれの学問的立場から向き合うとともに、そこから引き出されてきた知見を積極的に地域のみなさんと共有しようとしてきた。

そうした実践の積み重ねは、地方創生の始動から4年、5年と時間の経過した現在だからこそ重要な意味をもつと考えられる。なぜなら2018年3月、地方創生の契機となった政府の人口推計（2013年）が最新の国勢調査を踏まえて改訂されたが、そこで示された地域社会の未来像は、この間のさまざまな施策にもかかわらず、前回推計よりもさらに持続可能性に疑問符を付けるものとなっていたからである。

たしかに人口減少にともなう閉塞の打破は一筋縄ではいかない。だが、そのように向き合う課題が大きいからこそ、持続可能な地域の未来に向けて「大学と地域が組んでどこまでできるか」という問いは切実なものになる。弘前大学の前記の宣言でも、その冒頭で「地域が抱える課題は一層多様・複雑化し、その解決のためには、広範な英知の結集が不可欠」だと謳っている。そこで本書の著者たちは、あえて学問的な立場の違いを超えて、地域の持続可能なあり方を地域のみなさんとともに探り、共有する挑戦に踏み出した。

その挑戦の舞台を提供してくださったのは、以下、第1章で概要を述べるように、青森県庁でありまた現場の市町村、地域のみなさんである。1つは、まさに地方創生が始動する2014年から青森県地域活力振興課が打ち出した集落経営再生・活性化事業（以下、「集落経営」事業）である。ここでは、基本的には町会（集落、小字）から旧小学校区（大字）を単位とする地域で、行政や大学のどのような支援があれば、住民のみなさんがビジョンを描き、それにむけた活動を踏み出せるかの比較検討が目指された。その結果を受け、2016年から未来の地域づくり支援総合プロジェクト事業（以下、「未来づくり」事業）としてバージョン・

アップされ、今後も継続されていく予定である。

　もう1つは、地方創生に先立つ2012年から青森県構造政策課が進めてきた農山漁村「地域経営」担い手育成システム確立推進事業（以下、「地域経営」事業）である。これは、市町村単位で農業、漁業にかんするキーパーソンを集めて設けられた「マネジメント部会」での議論をもとに、産業としての農・漁業だけでなく地域社会としての農・漁村の担い手を育てる活動に対し県が助成するものである。5か年計画で進められてきた最終年（2016年）、私たち共同研究チームでは4年間の取組みの評価を依頼され、引き続き、どうしたらマネジメント部会での議論が活発化し、担い手育成の実効性を挙げられるかについて、実地に即した研究を現場のみなさんとともに進めている。

　以上の2つの共同研究をもとに本書では、地域の持続可能な未来に向けて「大学と地域が組んでどこまでできるか」をテーマに、以下のように、計画学から経営学、人類学、社会学にわたる、複数の学問的立場からの挑戦を記している。

　まず第2章は都市・農村計画学からの挑戦である。本章の記述は直接に今回の共同研究の成果を踏まえたものではないが、共同研究における基本的な方法、すなわち、地域に根ざして新たな知見を引き出し、それを地域に投げ返すという方法を、共同研究に先んじて体現してきた研究から論じている。

　具体的には、日本の都市計画を先導してきた著者が、海外から移入され国内中央の行政・研究分野で注目を集めた「コンパクトシティ」という考え方に対し、青森県のような自然豊かで農業が盛んな地域の現実を踏まえ、都市と農村との一体的な計画の可能性を探るものである。その可能性は、すでに計画レベルでは著者の働きかけにより、岩手県北上市などで具現化しつつあり、それは地域に根ざす地方国立大学での研究・実践だからこそ実現しえる、これまでにない地方創生の姿だと言えよう。なぜなら、従来の地方創生では、中央発の枠組みにしたがった計画

策定と事業展開に終始しがちであったのに対し、東北という風土に根ざした独自のビジョンが描かれたからである。今後は、そうしたビジョンが具体的な事業や小さな集落での実践に結びついてゆくプロセスに、さらに言えば、ビジョンそのものも小さな集落でもオリジナルなかたちで描くのに、大学がどのように寄与することができるのかが問われてこよう。

　続く第3章は農村計画学の立場から、2つの共同研究に共通する主題として、人口減少に直面する集落や農村が、どのようにしたら持続可能性を確保しうるかに取り組んでいる。まず一般的な集落においては、今そこに暮らす住民だけでなく、そこ出身で現在は外で暮らす人びとや、そこの出身ではないファンを巻き込むことの重要性を地域に対して積極的に訴える。他方、これまでの農業の構造改革で経営体の規模拡大や省力化が推し進められ、人的にも空洞化が著しい農村に対しては、そのように農業振興と農村振興が必ずしも一致しない事実を認めたうえで、農林漁業に根ざした観光や再生可能エネルギーの活用を唱える。こうした集落や農村の持続可能性を冷静に見通した展望は、現場から一歩距離を置いた大学だからこそ可能なものに他ならない。そうした展望がどのようにして地域に受けとめられ、現実の地域づくりへと転化しうるかが、次の段階ではまさに問われることになる。

　さらに第4章は経営学の立場から、今回の共同研究のうち特に地域経営にかんする研究をもとに、青森県の農業を先導する事業者＝中小企業者の生の声を記録し、彼らの経営の持続可能性の鍵を握るのは何かに注目している。その鍵とは具体的には、農業者にとどまらない幅広い業種の企業家どうしの信頼関係や協業関係の構築に他ならない。こうした知見は、これまでの農業経営研究の枠を超え、より広い中小企業研究の視点から研究がなされたからこそ引き出されたものだと言える。大学と地域が組む場合、従来の対象と学問の組合せをこのように超えられた時に、新しい知見が引き出される可能性がある。さらに言えば、そうした

新しい知見の引き出しは、本章で重視された「生の声の記録」がさまざまな学問領域から検討されるときに可能になると考えられよう。

　以上のように第2、3、4章では、地域の風土をあらためて読み解いたり（第2章）、人口減少の現実を直視したり（第3章）、地域の生の声を記録したり（第4章）する地域に根ざした方法をとることにより、これまでとは異なる地域に対する捉え方が引き出され、それを地域に投げ返す段階までが記述されている。これに対し以下の第5、6、7章は、そうした知見を実際に地域に投げ返した後、具体的にどのような地域づくりが展開されるのか、なぜ地域づくりが展開しうるのかを追跡し考察するものとなっている。

　まず第5章では地域計画学の立場から、これまで国内外で積み重ねられてきた「住民主体のまちづくり方法論」の蓄積を、今回の共同研究のうち特に集落における地域づくりの研究において活用・検証していった挑戦である。そこで地域づくりにおける住民の主体性の基礎となるものとしてまず注目されたのが、「ローカルな知」の産出である。「ローカルな知」とは、ワークショップやヒアリングなど地域と大学とのさまざまなやり取りを通じて得られた現場での実感が、1つ1つ丁寧に言語化し可視化させることで、多くの人たちに共有可能な知見となったものに他ならない。だからこそそのうえで、住民主体の地域づくりにおいて重要になるものとして本章が注意を向けるのは、そうした「ローカルな知」の「流通の場・手段」である。「知の流通の場・手段」とは具体的には、知見を共有しあう場であったり知見がわかりやすくまとめられた印刷物であったりする。それらを通じて知が共有されることによって、そうした知は多くの人びとに活用されるものとなる。さらに本章が確認するのは、こうした「ローカルな知の産出と流通」に対する大学の関与が、大学生レベルから研究員、教員レベルと総合的になりうる事実であった。その事実は、大学と地域が組めばどこまでできるかに対する1つの明確なビジョンである。

続く第6章の人類学からの取組みでは2つの共同研究の成果をもとに、本書のテーマである「大学と地域が組んでどこまでできるか」について3つの知見を引き出している。第1に、地域づくりの設計者＝行政側の枠組みから外れる「期待されざる効果」を、大学という立場だからこそ評価することができ、さらに地域の関係者間での共有を促せる点である。第2に、そのように評価から共有へと大学の関わり方が一歩進むとき、「よそ者」であった大学が、地域のより幅広い変化をもたらす「半よそ者」と呼びうる存在に深化すると考察される。第3に、そうした「半よそ者」が関わりながら、行政と地域間や地域内での異なる視点を橋渡しする場を持つことを通じ、「小さく地道だけれども、誰にとっても意味を見出しうる新しい取組みの持続」につなげられると展望する。以上のような「期待されざる効果」の可視化は、まさに大学と地域とが互いの未来を切り拓く知見を共に創り出すことに他ならない。その意味で、たんなる国策を背景にした地域と大学との関係から脱け出し、持続可能な地域の未来が展望できる道筋の具体的なあり方を示している。

　最後に第7章は社会学からの挑戦である。この章で焦点が当てられるのは、地域づくりに対して一歩引いているごく普通の地域において、大学が関わることによってどのようにして地域づくりが可能になるのかという問いである。この問いに接近するために本章では、地域の住民や農業者、行政関係者に対し、観察や評価から一歩踏み込んだ積極的な働きかけが行われる。具体的には、より現場に近い当事者の価値観を重視して言語化したうえで、そうした価値観で理想とされたものを1つ1つ実現するような働きかけである。その過程で大学は、より現場に近い当事者、多くは地域内の女性や若者、日々の暮らしに追われる人びとや引退して声の小さい人びとの価値観を、別な当事者、多くはこれまで地域を主導してきた年長の男性や行政側に対して擁護したり、場合によっては大学の研究者側の枠組みや知見を括弧に入れたりする。そうした大学側の働きかけがあって初めて、機運が見えにくいごくごく一般的な地域や

農業者の間で、地域づくりが動き出し小さいが着実な成果を積み上がってゆくことを、本章は実証している。

　以上のように本書の各章は、同じ計画学であっても、新たな知見の提示に軸足を置くもの（第2、3章）から、むしろ地域に知見が共有される方法論を分析するもの（第5章）まで異なる射程の成果を併置している。さらに知見が共有される方法論についても、第三者的な視点から分析を加えるもの（第5、6章）から、そうした分析をさらに現場に送り返して検証するもの（第7章）まで、地域との距離感はそれぞれに異なる。このような大学と地域との関わり方の違いは、研究の熟度の低さや不確実さというよりも、むしろ模索の軌跡を表している。すなわち、本書が抱えた「大学と地域が組んでどこまでできるか」という問いに正面から向き合っているからこそ、そのように1つ1つ壁を見出しては乗り越える模索のかたちとなる。

　その一連の模索の過程全体を通じて、第8章で総括するように、本書では次のようなメッセージをお伝えしたい。それは「大学と地域との関わり方は、これまでのように大学の専門的な知識を地域の側に提供するという一方向的なものでも、一回的なものではない」というメッセージである。むしろ地域にとっては当たり前だったり埋もれがちだったりする日常や実践の意義を、地域とのやり取りを通じて大学の側がくりかえし言語化し、さまざまな立場の住民や行政、さらには都市住民などに広く共有できるものにしつづけることに大きな意味がある。

　なぜならそれにより地域にとっては、これまでためらいがちだった住民の参加や行政との協働、さらに全く無縁だった都市の住民との関わりなどが、たんに生まれるだけでなく、持続的に深まってゆくからである。こうした持続的な展開こそが、まさに地域の持続可能な未来を展望するのに欠かせない。

　他方、大学にとっても「専門的知識がなぜ地域に響かないのか」といった根深い悩みが解きほぐされ、より手応えを感じながら研究を深め

ることが可能になる。つまり「地域の持続可能な未来」という問いを探りつづけること自体が、大学における持続的な研究の展開をもたらすと考えられるのである。そのようにして深化した研究の成果がふたたび地域に送り返され、また手応えが返ってくる。このような持続的な好循環こそ、大学と地域とが互いの未来を切り拓くための知見を共に創り出す——「地域共創」の望ましい姿であり、地方創生の先にあるものだと考えられるのである。

１．２つの共同研究：一般の集落における 地域づくりと農山漁村での地域づくり

平井 太郎

　この章では、本来は各章ごとに触れられるべき、本書の素材となった２つの共同研究の経緯と成果についてまとめ、読者の便宜に供したい。

（1）「集落経営」から「未来づくり」へ

　共同研究が始まったきっかけは、青森県庁で地域振興を担当する地域活力振興課から筆者に対する働きかけであった。それは地方創生が始まる直前の2013年のことで、県内ではまだ実施されていない集落点検について、県・市町村職員有志と実地で学びたいというものだった。そこで、むつ市と同市（旧川内町）湯野川地区の協力を得て、10名あまりの有志のみなさんとともに集落点検を実施し住民に対する報告を行った。

　ここで言う集落点検とは、戦後日本の農村計画学で体系化されたもので、農村の最も基礎的な単位である集落（農業集落）について、全世帯に訪問調査を行い、世帯ごとの属性や集落に対する関与、課題意識などを聞き取ったうえで、できるかぎり集落の全員とその結果を共有する調査である。集落全員の情報を全員で共有することで、従来の学術研究や政府統計と異なり、住民の内発的で新たな共同活動のきっかけとなることが期待されている。

　湯野川地区でもたんに「限界集落」的な状況の確認に終わらず、温泉をめぐる歴史の再確認、山菜やキノコの暦の共有などで住民の議論が盛り上がった。これらは従来からの地区の共同作業（「女の日」の温泉掃除や営林署から配給される薪の分配等）を再活性化させるきっかけとなるものであり、今後の展開を期待させるものであった。

この成果を受けて2014年度企画されたのが「集落経営」事業である。この事業では、まず（1）地区からの自発的な応募を受けて、大学と県・市町村、地区が協力して集落点検を実施する。そのうえで、（2）集落点検の結果を互いに共有し、地区の未来を拓く新たな共同活動を住民が計画・実施するのを、大学と県・市町村がそれぞれの資源（大学:知識・情報等、県・市町村:活動資金等）を通じて支援する、という大きく2つの段階が計画されていた。

　そこでまず地区（町会・自治会）に対する募集がかけられたところ全10地区から応募があり、そのうち6地区が採択された（表1、図1）。

　もっとも一口に「地区」や「集落」と言っても、その相貌はまったく異なっており、表1からもそうした「地区」の多様性を読み取ることができる。「地区」とはある境界で区切られた場所のことであり、そこに

表1　共同研究実施地区一覧

市町村	地区	団体	世帯数（世帯）	人口（人）	高齢化率（%）	想定された研究のシーズ
平内町	第一藤沢地区	藤沢町内会	111	298	39	休耕農地の地域での活用、婚活、獅子舞の継承
弘前市	常盤野地区（一部）	常盤野町会	67	215	45	別荘、空き家を活用した移住・交流事業の展開・促進
五所川原市	七和地区	七和地区活性化協議会、暮らしの応援隊	781	2,041	37	旧羽野木沢小学校を拠点とした地域づくり（生活維持サービス等）
三沢市	根井地区	根井町内会、小川原湖自然楽校	64	159	51	神楽の継承、お盆帰省者との交流、体験エコミュージアム
七戸町	白石地区	七戸町白石分館	115	439	31	上原子剣舞や権現様等の伝統芸能の継承、地域課題の抽出
新郷村	川代地区	川代地区振興会	188	565	39	川代ものづくり学校を拠点とした加工品生産や活動

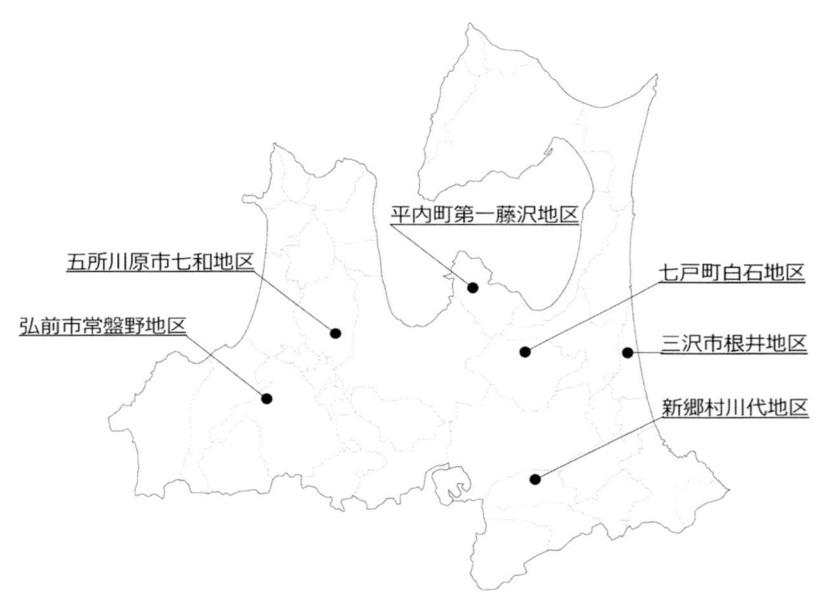

平内町第一藤沢地区

五所川原市七和地区

弘前市常盤野地区

七戸町白石地区

三沢市根井地区

新郷村川代地区

図1　共同研究実施地区一覧

人が住み、暮らしが営まれていれば「集落」とも呼ばれる。しかし、どこからどこまでを区切るか、またどのような暮らしが営まれているかは、それぞれの土地の地勢だけでなく、歴史的・文化的な背景にしたがって異なる。

　それ以上に重要なことは、だからこそそれぞれの地区の未来のあり方もどれ1つとして同じものはない。さらに言えば、そこには「正解」と呼べるものもない。したがって重要なのは、それぞれの地区ごとに、異なったアプローチにもとづいて、固有の未来を切り拓くにはどうしたらよいかを真剣に模索することである。

　こうした問題意識から私たちは、弘前大学の学部・大学院研究科という組織と研究領域を横断するようにチームを構成した（表2）。このように、学部から大学院の修士、博士課程に至るさまざまな水準の学び手、

<table>
<tr><th>研究者名</th><th>学部</th><th>大学院研究科</th><th>研究領域</th><th>担当地区</th></tr>
</table>

表2　共同研究参加者

研究者名	学部	大学院研究科	研究領域	担当地区
北原啓司	教育		地域計画学	弘前市常盤野地区
佐々木純一郎 土井良浩		地域社会	経営学 地域計画学	平内町第一藤沢地区
平井太郎	人文社会科学		社会学	七戸町白石地区
杉山祐子 白石壮一郎			人類学	三沢市根井地区
藤﨑浩幸	農学生命科学		農村計画学	新郷村川代地区

　教え手を擁していること、さらに地域という同じ対象に異なる角度から光を当てる多様な研究の担い手が切磋琢磨していることは、まさに地方国立大学の強みだと考えられる。

　チームを編成するに当たり次のような共同研究の目的を共有した。すなわち、集落の住民自身が地区の持続的な未来にむけて新たな共同活動を開始するうえで、どのような研究者/外部者の働きかけが有効なのかを、それぞれの地域の実情や研究手法の違いに留意しつつ検証し共有することである。そのうえで採択された6地区のうち5地区を弘前大学、1地区（五所川原市七和地区）を青森コミュニティビジネス研究所で担当することとなった（表1、2、図1）。

　共同研究は、地区ごとに担当する研究者を決めてその責任の下に研究を遂行しつつ、定期的に結果を共有しあい、互いの研究に活用することとした。地区ごとの研究はおおむね次のステップで行われた。

（1）2014年夏までに、地区と県市町村、大学とで打合せを行う。

（2）2014年夏に地区の全世帯に対する集落点検を行う。

（3）2014年秋に集落点検の結果を報告し共同活動の企画を始める。

（4）2015年3月までに共同活動のおおまかな計画を立てる。

（5）2015年4月以降、共同活動に着手しその組織化や地域外への波及を図る。

1）異なる手法の突合せから見えてきたこと

　最初の2年間の研究では、まず研究チーム（学生や行政機関を含む）が関与する手法について検証することとなった。今回の共同研究では集落点検でも共同活動に対する支援においても、それぞれの研究領域や地区の事情に応じて異なる手法が用いられた。たとえば集落点検では、地区の規模が100世帯を超える第一藤沢、川代の両地区では質問紙調査が採用された。また白石地区ではその代わりに地区内の小地区に限定して聞き取り調査を行い、その成果を地区全体で共有してゆくこととした。他方、100世帯を下回る場合も、根井地区では聞き取り調査が行われたが、常盤野地区では全世帯調査ではなく有志によるワークショップが重ねられた。これは地区計画学の標準的な手法にもとづくものであると同時に、同地区では都市マスタープランの地区別計画の策定ワークショップが当初から予定されていたためである。

　こうした異なる手法の成果を突き合わせると、これまで集落点検について指摘されていたのとは異なる2つの知見が見出された。第1に、点検後に地区内で共同活動を活発化させるには、質問紙調査やワークショップだけでなく、やはり対面の聞き取り調査を行っていた方がよいことである。ただし聞き取り調査には人的にも時間的にも、また資金的にも費用がかかる。そうした費用を抑えつつ共同活動を活発化させるうえで、以下第7章で触れるような、地区内の一部の地区で先行的に聞き取り調査を行い、その成果を地区全体で共有する方法も有効であると確かめられた。

　第2に点検を通じて、地区の実情を住民や行政機関とあらためて共有することに意義があることもわかった。これまで集落点検については、できるだけ多数の住民の声をできるだけ多数の住民で共有することで、共同活動の新たな担い手やテーマが掘り起こされる効果があると考えられてきた。この効果は今回の研究でも、以下の第3、5、6、7章で触れるように確認できた。そのうえで今回の研究では、外形的な政府統計や

表面的な観察からはうかがえない地域の実情を、あらためて住民や行政機関と確認することにも意義があると考えられた。

　今回の対象地区は統計上「農（山）村」や「（準）限界集落」に当たり、住民の一部や行政機関でさえそのように語る場合がある。しかし詳細な全世帯調査を行うと、農業「従事者」の極端な少なさや高齢者施設が立地していることによる高齢化率の押し上げ、他出者（その地域出身で現在は他地域に暮らしている人びと）との日常的な交流、若い世代のUターン傾向などが明らかになり、いずれの地区でも「農村」や「限界集落」といった把握からは想像しづらい地区の可能性や課題が顕在化した。

　端的に言えばその課題とは、第5、6、7章で掘り下げるように、世代間交流の稀薄化である。地区を単位にした共同活動が世代間で分断されていたり、そもそも失われつつあった。この点は今回の対象地以外にも共通して見出せる「地域というものの現在」だと考えられる。その意味では、地区の持続を計画する以前に必要なことがある。すなわち、再度、共同活動の単位として地区を、住民・行政機関・研究者のあいだで位置づけなおすことである。さらに、どのような共同活動から着手しうるのかを関係者どうし1つ1つ手探りで確認しあうことも求められる。

　こうした「地域があることを前提とせず、どう地域がありうるかを関係者で確認しあう必要性」を確認できたことそのものが、今回の共同研究の重要な成果だと言えよう。それは今後、集落点検という手法を展開する際にも必須な視点に他ならない。

2）大学の2つの関わり方

　以上の集落点検の次の段階が共同活動の企画・実施である。これに対する関与としては明確な区分は難しいものの、（A）非専門的な関与と（B）専門的な関与の双方が展開された。（A）に当たるのは学生などによるイベントへの参加であり、（B）に当たるのは教員や研究員、院生によ

る一定水準の記録の制作や会議の継続的なファシリテーション（発言や行動の促し）などである。

　時間的・資金的費用で言えば、（A）は薄く広い関与、（B）は深い関与と言えよう。今回の共同研究では、どちらもそれまではアイデアレベルにとどまっていた共同活動を具体化する重要な契機となりうることが確認された。可能ならば、共同活動の種類や段階によって双方の関与を組み合せ使い分けることが重要である。

　なお、共同活動の持続可能性を考えた場合、一見（A）の方が（B）よりも優れているように見える。現時点では活動の継続性について予断を許さないことに留意しつつも、必ずしもそうは言い切れないと付け加えたい。

　（B）タイプの専門的な深い関与であっても、今回の共同研究で行われたのは、住民が持ちえない知識や資源を独占的、一方向的に提供するものではなかった。逆に、さまざまな行政機関との折衝など、住民にも可能なはずだがあと一歩踏み出されていない交渉や人脈形成を行うかたちの関与であった。同時に、今回の関与が時限的なものであ（りう）ることを住民も共有し、その関与がなくなった場合のことも想定して共同活動が組み立てられていた。

　こうした点が配慮される場合、（B）の専門的な深い関与であっても活動の持続性を阻害することなく、また（A）の非専門的で薄く広い関与では実現しえないような共同活動の立上げを促すことが可能になる。他方で、一見、活動の持続性により配慮しているように見える（A）の非専門的で薄く広い関与であっても、大学や行政機関がイベントに参加しなくなれば活動自体失われる場合があることに注意すべきである。

　まとめれば、地域に対する大学の関わり方には、（A）学生を中心とする薄く広い関与、（B）教員や研究員、院生を軸とする深い関与の2つがありうる。共同活動のとっかかりや担い手を探す段階では「薄く広い関与」が有効である。さらに進んで活動を組織化し計画的に進める段階で

は「深い関与」が効果を発揮する。その段階に進んでから、マンネリ化やメンバーの硬直化などが気になってきたらば、また「薄く広い関与」が状況の打開に役立つ。そのように、大学の2つの関わり方を地域の実情にあわせてうまく組合せることが、持続的な活動の展開に効果的である。

3）青森型地域づくりインターンシップとワークショップ・ファシリテーションへ

　以上の「大学の2つの関わり方の組合せ」という構想を受けとめるかたちで企画されたのが、「未来づくり」事業である。具体的には、（1）年間1人約10日間の学生インターンシップ（宮口ほか2010）、（2）院生・研究員のファシリテーター派遣の2メニューをプログラム化し、受入を希望する地域を募った。どちらもどのような関わり方が地域の共同活動をどう促すのかをつねに反省的に捉え返すことで、研究を継続する財源を行政、大学あるいは地域自身がどのように負担するかについても、模索を重ねていくこととした。

　まず、「薄く広い関与」をプログラム化したものが青森型地域づくりインターンシップである。これは、一般的に知られる（A）企業が受け入れるインターンシップとも、近年、急速に広まっている（B）大学が企画するインターンシップとも、また（C）民間組織が仲介する地域づくりインターンシップともそれぞれ異なっており、そうした特徴を明確化すべく「青森型」と謳っている。まず、一般的なインターンシップの特徴は次の通りである。

（A）企業インターンシップは受入企業が有能な人材の発掘を目指すほか、実態としては格安な労働力の確保になっている場合も少なくない。

（B）大学インターンシップはプログラムを通じた教育効果の多寡が重視される。

（C）民間インターンシップは仲介組織がコーディネータ経費等利益を確保する必要がある。ここで言うコーディネータには学生と地域、学生どうし、地域の関係者どうしのつなぎ役が求められる。

これに対し今回企画した青森型地域づくりインターンシップは、何よりもまず、それを通じて地域に「よい効果」がもたらされることを目標に掲げる。「よい効果」とは、ふだんは目にすることがない学生が訪れることによる「誇りの回復」（小田切2014）だけでなく、学生が試作したり提案したりすることを目にして、自分たちもやってみようというやる気が生まれることである。もちろん、結果として（A）企業インターンシップがねらう人材確保や（B）大学インターンシップが求める教育効果、（C）民間インターーシップで必須なコーディネート経費の捻出などが可能になる場合も少なくない。だが、あくまで目指されるべきは、地域に対する「よい効果」である点が重要であり、「青森型」の特徴はこの点にある。

そのうえで、このような「よい効果」が生まれるには、共同研究班では最低2つの条件があると仮定した。1つは効果的なコーディネートの実施である。そこで今回は研究科客員研究員をメインのコーディネータとして派遣するとともに、それぞれの地域に担当教員を置いて、自身のコアの研究・教育との連動させることとした。

もう1つは受け入れる地域の態勢である。インターンシップを受け入れていただくには、公民館での合宿や民泊が可能であることや学生の悩みに随時応える方が地域と行政の双方に必要であることなど、一定の受入態勢が整っていなければならない。そこで2016年度は受入態勢がある程度整っているであろう産直組織や民泊組織を軸に働きかけを行い、なたねの会（横浜町）とSAN・SUN産直ひろば（三戸町）の協力を得た。さらに「集落経営」事業の受入地区であった常盤野地区（弘前市）に引き続き関わることとした。なお根井町内会（三沢市）には、弘前大学・地域未来創生センターの助成金により、学生の「薄く広い関与」が引き

続き行われた。

　この結果を受け、まず特筆すべきことに、横浜町と三戸町が町独自に財源を確保しインターンシップを継続して受け入れることとなった。これは地域の関係者がインターンシップの有効性を認めた何よりの証に他ならない。

　さらに2017年度には、むつ市脇野沢地区と平内町第一藤沢地区が新たにインターンシップの受入を希望した。このうち第一藤沢地区は「集落経営」事業以来、後述するファシリテーター派遣を含め、教員・研究員による「深い関与」を受け続けてきた地区である。「深い関与」の成果がある程度挙がってきた段階で、その次のステップを展望するためにあえて「薄く広い関与」の組合せを希望してきたのである。

　またむつ市脇野沢地区も、ファシリテーター派遣とインターンシップの双方を同時に受け入れるべく手を挙げてきた。この地区では、国の地方創生交付金の年限の関係で、どうしても1年程度という短期間で、住民のみなさんのやる気を引き出すだけでなく共同活動を組織化するところまで持ってゆくことが目標とされていた。だからこそ「薄く広く」と「深く」の2つの関わり方を同時に求められたのである。

　このような財源に縛られた目標設定は、本来望ましいものではない。しかも望ましくないことは、地域のみなさん自身もよくわかっている。それでもこの機を逃したらもう次はないかも知れないと、現在の地方創生の下では、少なくない地域のみなさんがそう焦っている。こうした状況に対し「焦らず、次の機会を待ちましょう」と大学としてお話するのも、1つの考え方であろう。だが私たちは、それが多くの地域のみなさんが置かれている現実であり、そのつらく厳しい現実からでも可能なことを模索するのも、現在求められていることだと考え、一歩踏み出すことにした。

　次に「未来づくり」事業において、「深い関与」をプログラム化したものが、ファシリテーター派遣である。2016年度は「集落経営」で新

たな活動が芽生えてきた白石地区（七戸町）と第一藤沢地区（平内町）の活動を軌道に乗せることを目標にして、双方の地区とも産直活動と芸能継承の2つをテーマとして関わりを継続した。結果としてどちらも活動の持続性に展望が開け、このうち第一藤沢地区にかんしては前述のように、次のステップを見すえた学生インターンシップの受入を希望することとなった。

これを受け2017年度は、研究員による最低限のフォローアップについては大学の財源（大学院地域社会研究科・ミッション達成経費）を当てることとした。さらに青森県でも事業枠組みが組み換えられ、ファシリテーター派遣は「地域運営組織の立ち上げ」を目的とする地域の取組みに焦点化されることとなった。

「地域運営組織」とは現在の地方創生で全国に設立が求められているもので、従来地域に見られた町会・町内会・常会といった組織から一歩踏み出し、福祉や教育、交通や生産・販売などさまざまな地域のニーズに応える事業を営む組織を指す。こうした「地域運営組織」は、これまで「深い関与」を重ねてきた白石地区と第一藤沢地区では、それぞれ七戸町中央公民館白石分館、藤沢活性化協議会のように、すでに動き出してきている。他の地域もそうした方向性にむけて促せないかというのは、現在の地方創生に即した1つの考え方である。

この青森県の呼びかけに応えたのが、前述のむつ市脇野沢地区と弘前市岩木地区であった。両地区とも平成の大合併を経た旧町村である。どちらの地区も、拠点となる公共施設をどう利活用するかを、地域の未来を切り拓くきっかけにしようとしていた。すなわち脇野沢地区では道の駅の隣接する温泉施設の長引く休止を、岩木地区では2018年3月に迫った百沢小学校の閉校という危機をむしろチャンスとして、住民の発意を引き出し、新たな共同活動を立ち上げられないか考えている。このうち特に脇野沢地区は2017年8月に温泉施設を拠点として活動する地域団体「わきのさわ温泉湯好会」（会員約40名）を立ち上げ、2018年

4月の施設再開にむけ準備を重ね、1つ1つ課題を克服していった。

　以上の研究の展開をまとめれば表3のようになる。一般的には、「薄く広い関与」で地域の機運を高め、その機運を具現化する活動については「深い関与」で支援してゆくプロセスが、地域づくりを立ち上げ成熟化させるプロセスのように見える。しかし今回、地域の実情に沿った関わり方を模索したところ、そうした一般論に回収しきれない例がある。たとえば（A）第一藤沢地区のように「深い関与」から「薄く広い関与」に展開してゆく例、（B）脇野沢地区のように「深い関与」と「薄く広い関与」を同時に始める例、（C）白石地区のように一貫して「深い関与」を継続する例である。

　これらはたんなる例外というよりも、くりかえしになる部分もある

表3　関与の度合いに注目した研究の展開

地区名	組織名	2014・15年度	2016年度	2017年度
平内町 第一藤沢地区	藤沢町内会 →藤沢活性化協議会	深い関与	深い関与	深い関与 ＋薄く広い関与
弘前市 常盤野地区	常盤野町会	薄く広い関与	薄く広い関与	—
五所川原市 七和地区	七和地区 活性化協議会	深い関与（青森公立大学→県内コンサルタント）		
三沢市 根井地区	根井町内会	薄く広い関与	薄く広い関与	—
七戸町 白石地区	七戸町中央公民館 白石分館	深い関与	深い関与	深い関与
新郷村 川代地区	川代地区振興会	薄く広い関与	薄く広い関与	薄く広い関与
横浜町	なたねの会	—	薄く広い関与	薄く広い関与
三戸町	SAN・SUN産直ひろば →三戸町ホームステイ 受入連絡協議会		薄く広い関与	薄く広い関与
むつ市 脇野沢地区	未組織化 →わきのさわ温泉湯好 会（2017年度）	—	—	薄く広い関与 ＋深い関与
弘前市 岩木地区	未組織化	—	—	深い関与

が、以下のようなそれぞれの地域の論理にしたがっている。（A）第一藤沢地区では、「深い関与」を通じて短期間で立ち上がった産直などの取組みの機運をあらためて盛り上げるとともに、「深い関与」ではどうしても狭くなりがちだった視野を広げる意図が「薄く広い関与」に見出されていた（第5章参照）。（B）脇野沢地区では、1年足らずという短期間で機運の盛り上げと取組みの具体化の双方を実現する必要があり2つの関与が同時に期待された。（C）白石地区では、「深い関与」を通じて立ち上がった取組み自体が、当初の活動の枠にとどまらない広がりを見せており、第一藤沢地区のようにあらためて「薄く広い関与」を導入しなくても自律的な展開が見られていた（第7章参照）。

　こうしたそれぞれの地域の論理に一般論を機械的に当てはめるのでなく、オーダーメイドで対応してゆくこと、言い換えれば、一般論を超えるそれぞれの地域オリジナルな論理を言葉にし理論化してゆくことが、序章で言及した「地域共創」の具体的なあり方に他ならない。

（2）農業を軸とした「地域経営」事業とのクロスオーバー

　以上の「集落経営」から「未来づくり」へと、青森県や市町村、そして何より地域のみなさんとともに研究を続けてくるうちに、つねに気にかかることがあった。それは、地域の未来を切り拓くのを支援する国や県、市町村の事業がさまざま展開されているのに、分野や部署ごとに壁があってほとんど連動していないことである。たとえば青森県の場合、「集落経営」から「未来づくり」に至る事業は地域振興部門が担当しているが、並行して全県レベルで展開されている「地域経営」事業とはほぼ連動が見られなかった。それをもったいないことだと感じるのは、筆者が「地域経営」事業についても2014年から並行して関わる機会を得ていたからかもしれない。

　筆者は、たまたま事業の普及啓発事業を委託された図司直也氏（法政大学・農業経済学）から誘いを受け、普及啓発の研修会やマネジメント

部会のファシリテーターとして関わるようになっていた。「地域経営」事業の肝は、マネジメント部会でのキーパーソンのみなさんの議論の自発性や継続性にあったものの、2012年の事業創設から2年経ってもなかなか議論が活発化していなかった。そこで青森県でもマネジメント部会へのファシリテーター招聘を必須化し、筆者もその1人として県内各地にうかがうこととなった。

そうして現場を回ってみると、「地域経営」で目指される地域像も、またそこに至るプロセスも、「集落経営」から「未来づくり」へと展開した事業とほとんど重なっていることがわかってきた。というのも、どちらの事業でも、地域のみなさんが中心になって、5年後、10年後を見すえて何をしていかなければならないかを議論し、特に次の世代のことを考えながら実行していくことが目指されているからである。そこへのプロセスも、予め国や県、市町村の方でゴールが示されるのではなく、地域のみなさんで目標を設定し、定期的に進捗状況を確かめながら、紆余曲折して進んでいくものであった。

このような手応えを得ていたところ、「地域経営」を担当する県・構造政策課から研究科に対し、2016年度、「地域経営」を評価し次のステージを構想する研究が委託された。そこで、集落経営研究におけるグループをもとに共同研究班を構成した。そのうえで各県民局や市町村、中心的な事業者に対する聞き取りを進めた。さらに農林業センサスの2010年データと2015年データの対照などを行った。これらを踏まえ、地域経営事業を評価し、残された課題が解決されるよう政策提言を行った。

まず総合的な評価としては、全体的にはマネジメント部会を通じた「つながりの場づくり」は意欲的な試みであり、さらに「経営力の強化」というもう1つの目標についても、経営体当たりの農業生産額がこの5年間で向上していると評価された。しかし、「つながりの場づくり」と「経営力強化」との好循環の創出が個々の現場でも実感されるよう、さらなる制度改善が必要だと判断された。

そこで2つの方策を提言した。

　1つは、そのような好循環の創出こそ地域経営の目標だという観点から、地域経営体の発展段階評価も整理し、そうした目標設定を関係者の間で十分共有できるようにすべきだというものである。それまでの発展段階評価では、形式的な法人化や大規模化、6次産業化に焦点が当たっているものの、それらを実現するうえでの「つながりの場づくり」の効果、さらにそれらが実現した後の「経営力強化」をより具体的に評価する必要があると考えられたからである。すでに、非農業者も参画することで農業者の経営力も強化された例として異業種受け皿型産直組織（横浜町なたねの会等）が、また経営体とコミュニティ組織が連携して地域全体の経営力を高めた例としてコミュニティ型生産組織（外ヶ浜町農業・農村再生協議会、弘前市自得地区環境保全会等）が活発化してきている。それらを地域経営体として適切に評価しうる指標を組成し、前者を支援する「横つなぎ支援」、後者を支援する「底上げ支援」としてメニューを明確化する必要があると考えたのである。

　もう1つは、事業の中核をなす「つながりの場づくり」をより充実させ、「経営力強化」につなげるべく、マネジメント部会の運用についてガイドラインを設けたり、民間事業者を中心とした「つながりの場づくり」に対しても県から直接、ハード・ソフト一体的な支援を行ったりすることである。マネジメント部会にガイドラインが必要なのは、現状、ファシリテーターにたんなるファシリテーターや講演会講師を依頼したり、部会を1次産業事業者だけで構成したりしている例が少なくないためであり、これらを真の意味でのファシリテーター活用や異業種交流へと転回させることが求められている。さらに「地域経営」を通じて形成された若手農業者グループなどの「つながりの場」で、現実に直販や直売などが共同で行われるケースも、今後は積極的に地域経営体として評価し、直接的な支援を講じる必要があると考えた。

　このような評価・提言を県に対して行ったところ、2017年度も引き

続き次のような研究が委託された。まず新たな「地域経営」の理念を関係者に普及啓発するためのワークショップ形式の研修を企画運営し、その効果を検証するものである。さらにどのようにしたら農業者を交えたワークショップが成立し活発化するかにかんするガイドラインの作成も依頼された。そこで、具体的な研修の成果も踏まえ、ガイドラインを作成・提出した。このガイドラインは2018年度以降、それぞれの現場で活用されはじめている。

　最後に特記すべきこととして、私たち共同研究班は「集落経営→未来づくり」という地域振興部門の研究と「地域経営」という農業振興部門の研究を互いに相乗効果を挙げるよう、コーディネートしている。たとえば、「未来づくり」の青森型地域づくりインターンシップを2016年度受け入れた横浜町と三戸町の団体は、「地域経営」のマネジメント部会の中核を占めるよく知られた団体であった。また、「集落経営」初年度から関わっている平内町第一藤沢地区は、2015年度には従来の町会とは異なる藤沢地区活性化協議会を立ち上げ、そこが受け皿になって2016年度から「地域経営」による助成も受けはじめている。さらに佐井村のように、青森型地域づくりインターンシップに関心をもち、2017年度の「地域経営」事業としてほぼ同様のプログラムを企画する市町村も現れている。

　これらはそれぞれの地域に関わりのある教員のコーディネートによる。行政の部局間の壁は「縦割り構造」と長年揶揄され打破が求められるが、その壁は地域の諸組織の縦割り化とともに地域のみなさんにまで根深く浸透しており、言うほど簡単に乗り越えられない。学問もまた行政制度の縦割りとむしろ直結し、縦割りが再生産されるのに何らかのかたちで関わっている。しかし、そうした縦割りの壁を乗り越えても相対的にみて不利益が少ないのが、真理の探究をむねとする学問のよいところでもある。だからこそ私たち大学が積極的に、実社会に根を下ろす分野の壁を超え、関係者を結びつけることが求められている。

文　献
宮口侗廸ほか（2010）『若者と地域をつくる』原書房。
小田切徳美（2014）『農山村は消滅しない』岩波書店。

2．都市計画からの挑戦

北原　啓司

（1）人口減少時代の都市・農村計画

　我々は、都市計画という言葉を聞くと、農村計画と対立するような言葉に感じてしまう。そもそも昭和40年代から20世紀末まで、自動車の普及（モータリゼーション）によって、都市はどんどん拡大していった。その時に、そのための種地として開発されていったのが、まさに農地に他ならなかった。もちろん、開墾もできないような荒れ地や雑木林等、必ずしも農地というわけではなく、里山全体が切り開かれていったが、特に昭和の成長の時代に問題になったのは、農地を工業用地や住宅用地に転用することに対して、農政と都市計画行政とが対立する場面だった。

　朝から晩まで一生懸命に田畑で汗を流すような苦労をするよりも、自分が引退するときに、他人に売って、別の使い方をしてもらった方が楽だという考え方が、地方都市の農村部にあっという間に拡がっていく。農業の跡取りがいないという問題も、この傾向に拍車をかけたのだった。

　都市計画の法律には、区域区分といって、都市計画区域内を、今後計画的に市街化を進めていく区域（市街化区域）と農地を守りながら新たな開発を抑制していく市街化調整区域に分けていくという考え方がある。弘前大学の立地する青森県の場合、この制度を導入しているのは、実は青森市、八戸市、弘前市、そして六ヶ所村しかない。制度が導入された昭和40年代、すなわち開発の夜明けといった時代にあって、どの市町村も、まだまだ開発の余地があると考えていたのだった。そして人口が増大することを心待ちにして、工場誘致やニュータウン開発に明け暮れていたと言える。そのため、この制度（通称「線引き」と言う）を

使って都市をむやみに拡大せずに農林水産業の空間を守ろうとする市町村は、非常に少なかったと言える。

　E・ハワードの「田園都市」という言葉を聞いたことがあるだろうか。彼のこの著書『明日の田園都市』（"Garden Cities of To-morrow" 1898年初版、1902年改題改訂出版）こそが、その後のニュータウン開発の1つのモデルとなった当時の画期的な考え方だった。しかしこの考え方は、日本にはやや違う形で導入される。それは上で述べたように、大きくなりたがっていた、いわゆる成長の時代のまっただ中にあった日本では、地価の安い郊外部で比較的に敷地面積の大きな土地を取得し、一戸建て住宅を建てるという人生の目標にすり替えられていくことになる。当時は少なからぬ人がお世話になった住宅金融公庫の住宅ローンを駆使しながら、我々はマイホームを持つようになったのだった。

　自動車の普及は、これをますます加速していった。その結果、各地方都市の周縁部には、新たな居住地が次々に開発されていき、それは、あたかも「田園都市」のイメージそのもののニュータウンが誕生していく姿として期待された。

　しかし、それはハワードの提唱する「田園都市」とは、似て非なるものだった。そもそも、ハワードの「田園都市」は、人口3万人程度の限定された規模で、自然と共生し、自律した職住近接型の緑豊かな都市を、大都市周辺部に建設するという発想であった。土地は所有するのではなく賃貸利用となり、その賃貸料を最初の建設費の償還に充てるので、現代社会のように地価の上昇が土地所有者の利益につながっていくものではなかった。

　しかし、日本で紹介されたこの言葉は、土地所有を前提とした住宅地が次々に登場していく場面でイメージ的に使われることになり、しかもそれは職住近接とは全く無関係に、自動車の普及と連携する形で、どんどん外延化していき、それは上で述べた第1次産業の空間である田園地域にも達することとなったのだった。

その違いにいち早く気づいた人々は、ニュータウンという言葉を「ベッドタウン」という言葉で揶揄しながら、働く場所と住む場所とがどんどん離れていく状況に警鐘を鳴らそうとしたが、一度拡がり始めた傾向が止まることはなかった。しかし、思わぬところから、危惧が増大していくことになった。

それは出生率の低下による人口減少社会の到来であった。新たに可住地を拡大していく動機がこれから次第に弱まっていくことが見えてきたわけだが、この危惧には、2つの場面が当てはまる。

1つは、大都市近郊に次々に生まれていったベッドタウンである。新たな居住のニーズがこれまでに比べると小さくなっていった場合に、新しい世帯の入居が極端に少なくなっていくと、成長の時代に新設された公共施設の需要が一気に小さくなっていくことになる。学校の統廃合や公民館の減築などが、各地で行われている話を聞くようになってきた。

もう一方で、深刻なのは、地方都市の田園地域の将来像だと思われる。北海道以外では専業農家の比率はかなり低い値となっている中で、農地の宅地への転用は、農業振興計画や「線引き」のような制度の隙間を縫う形で進められてきたのだった。そして、農業を放棄した方が、経済的に安定するように誰にも見えてしまう時代になってきてしまった。すでに、農地から他の用途が可能な土地に転換してしまった人々がたくさん存在している。その土地のすぐ近くには、都市の中心部から大規模なショッピングセンターが広大な駐車場を武器に次々と立地して、ロードサイド的な多様な店舗がそのまわりを取り囲むように登場してきたのだった。

しかし、都市計画の法律は、このままでは都市の中心部がその存在意義を失いかねないという危機感から、21世紀に入って、主に商業用途の地域以外では、1万㎡以上の大規模店舗の建設を禁止することに改正された。

「この際、大規模店舗にでも貸そう」と計画していた零細農家にとっ

ては、全くの死活問題になってしまう。しかも、一度農業を継続していく気持ちが萎えてしまった段階で、新たになんとか工夫して踏ん張っていくという気持ちに急に転換できるわけなどなかった。農業サイドからは都市計画に対して、様々な異論が唱えられる。首長選挙の結果を左右するような残念なケースさえ生まれていくこととなった。開発を期待する農業サイドと過度な拡大を抑制しようとする都市計画サイドでは、30〜40年前に繰り広げられていた対立図式と全く逆の様相が生まれてきている。

しかし、このような抑制的な都市計画の考え方は、日本ではむしろ気づくのが遅かったと言っていい。1980年代に、米国では、Smart Growth（スマート・グロース）という考え方が登場している。「賢い成長」、言い換えれば、賢くなく大きくなってしまった都市に対して、賢く成長していく姿を提示したものだった。

都市内部の土地所有の権利関係があまりにも複雑すぎて、周辺部の田畑に区画整理事業を仕掛けて新たな住宅地をつくってしまったものの、実は公共交通が追いついていないケース。新たな開発で、次々に郊外部に魅力的な地域が誕生していく一方で、中心商店街が次々にシャッター通りに変容していくケース。農業従事者の比率が次々に低下していく中で、食料自給率が明らかに低下していくようなケース。どれも「賢くない成長」の結果といわざるを得ない。

しかしそのような考え方は、けっして都市の発展を否定しているわけではない。1990年に欧州共同体（EC）が公表した、これからの都市発展に関する考え方「都市環境緑書」では、二酸化炭素放出を抑制するという目的から、自動車交通に過度に依存しないことを提起し、緑地を破壊することとなるような新たな都市の拡大に警鐘を鳴らし、歴史的建造物を含めたストック活用の重要性が強調されている。その上で、持続的な経済発展を目指していくという目標が掲げられていくこととなる。

これまでの時代は、日本でも欧米でも、開発とは、何らかの空間を人

為的に生み出し、そこから収益をあげるという捉えられ方が一般的であった。その観点から、収益性が少なく見られがちの農地は、次々に工業用地や住宅地に変化していくのだった。さらには、大規模ショッピングセンターに代表される商業用地にも変身することになってしまった。

　いわゆるフロー重視の時代。それを、ハコモノ行政と批判する声もあった。まだ使えるモノがあるのに、税金をいっぱい使って、新たなフローを創出していくという考え方が当たり前だった時代には、開発は、まさに魅力的な空間を生み出す錬金術であった。

　しかし、ECが公表した提言は、開発を再定義しようとした結果であるように思える。その空間が持っている潜在的な力を、改めて活かすために地域の知恵とエネルギーを結集するという行為を、私たちは「開発」と言っていいはずだという強い意志が、この提言には感じられる。現に、日本でも最近では、廃業したデパートを一部とは言え再生した事例（花巻市のマルカンデパート）や土浦市や石巻市、北見市、そして青森市が市役所機能をそこに入れて中心市街地を活性化させるという取り組みを進めている。

　成長の時代の都市戦略に別れを告げて、今こそ、ストック重視の持続的な発展を目指す。それこそが、成長社会とは異なる新しい目標、言ってみれば、成熟社会の地域ビジョンである。そして、ハワードが提起した「田園都市」の考え方こそが、改めて第1次産業を基幹に発展を遂げてきた日本の地方都市の今後の成熟の姿を提示している。

（2）「あじさい都市」が示す人口減少社会における地方都市のビジョン

　コンパクトシティという言葉がある。全国の都市の中でいち早くこの言葉をまちづくりの中心的なコンセプトに位置づけたのは青森市だった。その象徴的な存在が、アウガと呼ばれる青森駅前の再開発事業で誕生した複合ビルであった。しかしそのために、都市の中心部に建物を集約させることがコンパクトシティだという誤解が市民に拡がっていった

のだった。

　しかし、都市の形態を小さくするとか、機能を集約させるという言葉は、必ずしもコンパクトシティの必要十分条件にはなっていない。2013年に筆者がパネリストとして参加した日独の都市計画シンポジウム「人口減少下における地域社会の再生」でも、ドイツからの出席者が異口同音に、「なぜ日本人はコンパクトシティを説明するときに、集約とか縮めるなどという表現を使うのか」と不思議そうに話していたのが印象的だった。言ってみれば、ドイツは、東北や北海道のように農業を中心とした第1次産業を基盤として成り立ってきた国であり、我々が名前を知っているような都市であっても、人口は50万程度の規模でしかない。大事な農業の空間をしっかりと保有して、しかも現役の空間として持続させていく、と言うよりも、そこで産み出された穀物、野菜そして果実が、都市で消費されていく関係性こそが持続可能性そのものということになる。

　真のコンパクトシティを考えるとき、まさにドイツのように第1次産業の空間を基本にした都市の姿を描くことを、同じように農業を基幹としてきた日本の地方都市は目標にしていかなければならないと強く意識したシンポジウムだった。

　折しも、国土交通省は、2014年7月に公表した「国土のグランドデザイン2050」の中で、コンパクト＋ネットワークという概念を提起した。これまで述べてきたように、そもそも第1次産業を中心に成長してきた各地方都市において、単純に都市機能を中心部に集約して形成される姿がコンパクトなのではなく、周辺部に存在する集落とのつながりを強く持ちながら、中心部を活性化させていくという方向こそが真のコンパクトシティという考え方こそが、このコンパクト＋ネットワークという概念に反映されている。

　そもそもこの考え方は、筆者が委員長を務めた国土交通省東北地方整備局の「東北発コンパクトシティ検討委員会」（2009年）から出され

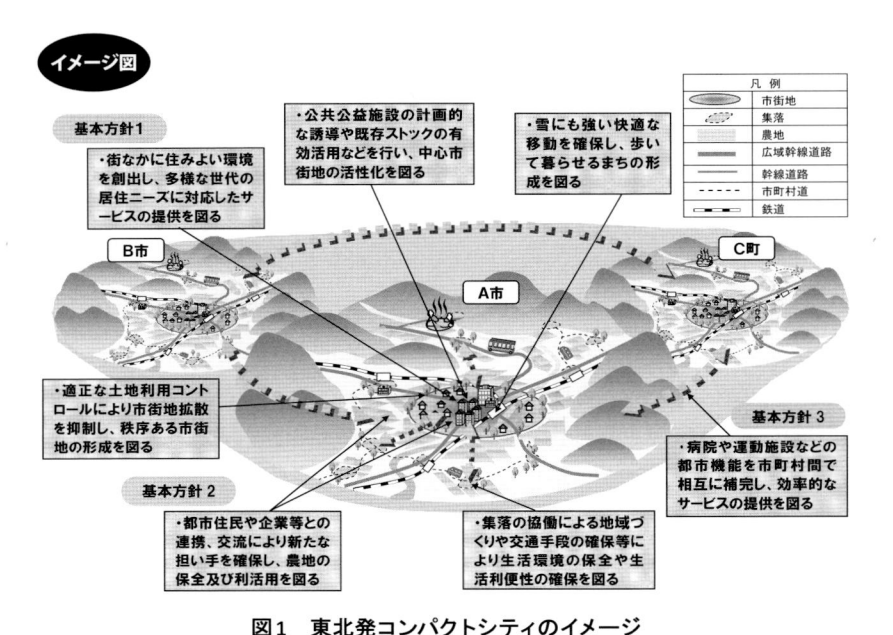

図1　東北発コンパクトシティのイメージ

（東北発コンパクトシティ研究会『東北発コンパクトシティのすすめ』p.14）

た成果が下敷きに使われている。

　私たちは、第1次産業が主たる産業であり、しかも大都市が少なく、中小自治体がいくつかの単位で緩やかに連携しながら形成されていく姿を、図1のように提示した。まさにそれが、コンパクト＋ネットワークの考え方そのものであり、ヨーロッパから入ってきて、やや誤解される形になっていた概念を、東北地方の風土に合わせる形で理解しようとしたとき、わかりやすいイメージで表現することが可能となったのだった。

　とはいえ、どうしてもカタカナ言葉は市民には理解しにくいはずであるし、できれば日本語でこのような考え方をわかりやすく表現したい。そんな必要性を全国でいちはやく意識してコンパクトシティに代わる言葉を生み出したのが、岩手県北上市だった。2009年に岩手県内でもその多様な活動で知られていた特定非営利活動法人「いわてNPO-NETサ

ポート」が主催して開催した「元気な地域の『かたち』ワークショップ」で提起された概念、それが「あじさい型都市」だった（図2）。

　花びらの数が何枚かわからないような「あじさい」の姿こそ、16の地域の連携体としての北上市のイメージに近いということ、そして中心市街地のみならず、その1つ1つの花びらをこれからもしっかり育てていこうという強い意志が表現されたものであった。

　ところで筆者がコーディネーターとして参加していたシンポジウムで、基調講演の高橋敏彦氏（NPO理事）に会場から質問が出た。「あじさい型というのはわからなくもないけれど、中心商店街のある地域も、1つの花びらにすぎないのですか？」。そこで筆者はこう答えた。「いえ、中心市街地は茎であり根なんです。ここがしっかりしていないと、花びらも咲きません」。それを聞いて市民に納得してもらえる、あじさい型都市のイメージが完成した。その後、当時の高橋理事は北上市長となり、現在は「あじさい都市」という表現で丁寧に説明しながら、東北が目指すコンパクトシティの姿として、単純な集約ではなく小さな拠点（各地域の中心）に重きを置いた、持続的かつ自律的な農業を中心とした地域経営の実現を目指している。それが、東北発コンパクトシティの1つのモデルとして紹介されるまでに成熟してきた。

(3) 「あじさいの花びら」に必要な知恵と覚悟

　ここで、農山漁村における地域経営という角度から、これまで述べてきたことを捉え直してみたいと思う。そもそも、農山漁村における地域経営というものは、地域の農林水産業の中核を担う人々が多様な業種・産業との連携によって、地域資源（人、自然、技術、土地、資本、文化など）を広く活かす経営活動を展開することで、効率的に付加価値と雇用を生み出し、持続的・自律的に農山漁村地域の経済・社会を支えていくことが重要となる。しかし全国の各地が抱える逃れようのない問題、いわゆる少子高齢化は、その担い手を潤沢に地域内で育成することが不

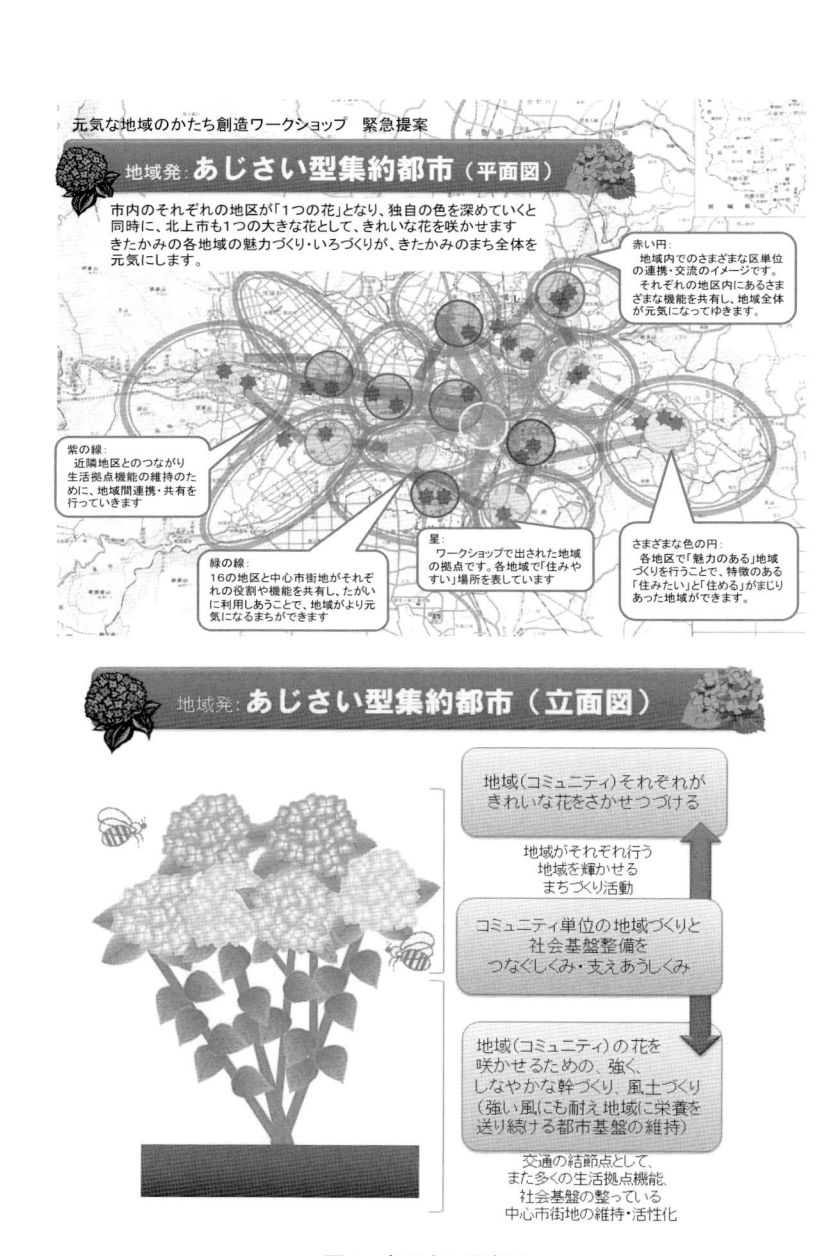

図2　あじさい型都市

（いわて NPO-NET サポート『北上市の元気な地域のかたちとは』pp.2〜3）

可能な状況にあって、経営体の確立と言うよりは、その前に考えなければならない問題が存在している。

　特に、地方において問題となっているのは、自動車交通に依存しすぎたライフスタイルによって、公共交通サービスが未整備の地域において浮かび上がってくる交通弱者に対応する施策の無力さであると言える。それは究極的には地域そのものの存続にも大きな影響を与えるものとなってくる。

　冒頭から述べてきている都市計画的な問題によって、第1次産業をベースにした地域経営の発想を根底から覆すような地域存続の危機が、目前に迫ってきている。そこで必要となってくるのは、北上市が「あじさい」の花びらで例えた各地域が、どのように自律的に存続していけるか、そのために如何に知恵を集め、また覚悟を決めて前を向いていけるかという点に尽きる。その点からも、まさに北上市の1つの花びらで展開されている活動実践を、ここで紹介したい。

NPO法人くちない（北上市）の包括的実践

　北上市では、総合計画の一環である「地域計画」が、住民自治の実現性を高め、地域の将来像を実現するための行動計画として、市内16地域で独自的に策定されてきている。その中でも、市の西部の中山間地に位置する口内（くちない）地域では、少子高齢化、生活基盤の整備、農業基盤の整備、交通手段の確保が課題として掲げられており、これらの課題を総合的に解決して地域づくりを実践していくことを目的に、2006年に、口内町自治協議会が設立されている。そしてそこから、特に交通手段の確保に関して最優先かつ重点的に取り組むことを目的に、2009年にNPO法人くちないが設立されている（図3）。このように自治協議会とNPO法人が両輪となって機能することで、地域づくりが実践されていくことになる。

　NPO法人くちないの活動として特筆すべき点の1つが、有償運送サー

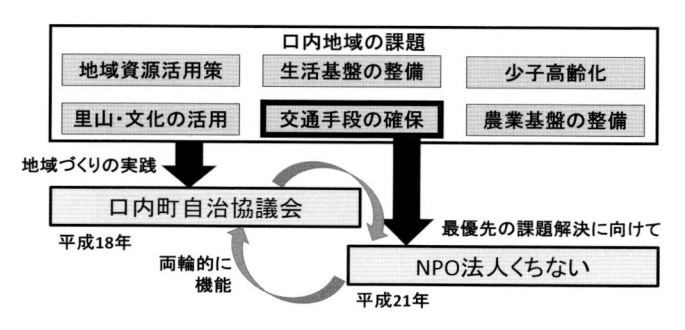

図3　NPO法人くちないの設立（村上（2017））

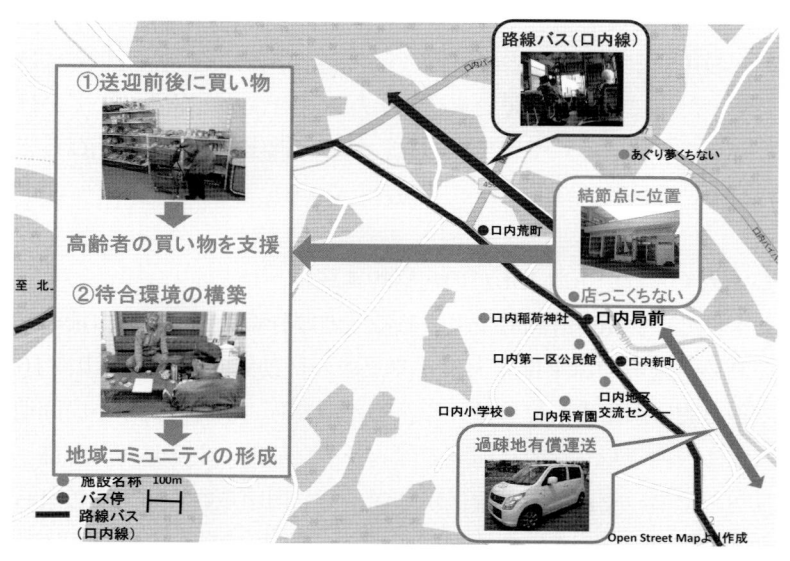

図4　過疎地有償運送とバス交通の接続（同上）

ビスである。地域唯一の交通機関である民間バスは、乗降客の減少から、減便そして廃止という方向を打ち出すしかない状況にあった。そこで口内地域では、地域住民の自宅と既存のバス停との間の送迎を新たに設立したNPO法人が実施してバス運行を維持していけるように、バス会社

表1　有償運送の仕組み（村上（2017））

名　称	対　象	運送先
過疎地有償運送	口内町自治協議会 加入世帯全員	口内町内
福祉有償運送	障がい者 要介護者 要支援介護認定者	市街地3カ所 ・医療機関 ・金融機関 ・市役所

図5　有償運送用自動車（同上）

と連携する仕組み（交通空白地有償運送）を構築した。

　地域住民から会費として1年間に1世帯1000円を集め、会員がサービスを利用する場合には、距離に関係なく100円を徴収するという仕組みではあるが、当然ながら有償運送サービス単独では、採算を取ることは不可能と思われる。NPO自体の持続性を考えると、公的な補助金の受給に簡単に頼るわけにはいかない。そのため、単に有償運送サービスだけではなく、様々な活動を包括的に実施することにより、何とか経営を成り立たせている状況にある。

　表2に、その多様な事業内容が列挙されているが、公園管理や地域の

表2　NPO法人くちないの事業の内容（同上）

事業名		事業内容
特定非営利事業	高齢者の福祉向上を図る事業	有償運送 高齢者生活支援
	まちの活性化を図る事業	浮牛城まつりへの支援及び参画 紙ひこうき飛ばし大会
	次世代に地域の魅力を伝える事業	口内「星まつり」
	都市部と農村部の交流を図る事業	ゲルを活用した事業
	地域の魅力の保全・開発を図る事業	浮牛城農村公園管理 口内町地域農地・水・環境 　　　　　　保全組織事務業務 中山間地十文字事務
	特産品開発及び販売事業	販売・イベント出展 学校給食 ふるさと納税
	店っこくちない店舗事業	店っこくちない店舗運営
	その他	子育て支援・学童惣菜事業
その他の事業	旅客運行に係る事業	スクールバス運行業務 （口内小学校、東陵中学校）

魅力の保全・開発を図る事務業務を北上市から委託されていることがわかる。また、スクールバスの運行業務も請け負っており、逆に言えば、地域に持続して住んでいくことを選択した地域住民の覚悟のほどを見届けた行政が、それに呼応した仕組みを作ることにより、結果的にNPOを支援することになっている。

　一方で特徴的なのが、「店っこくちない店舗事業」である。口内地域の中心地区のバス停脇にあった廃屋を活用する形で、いわゆる雑貨屋をNPOが経営する形になっている（図6）。

　ここは、単に食料品や雑貨の販売だけではなく、生活支援拠点に

図6　店っこくちない（同上）

もなっている。バスを待つあいだ、あるいはバスを降りた後に買い物をするというだけではなく、買い物を目的として自宅からこの店舗まで有償運送を利用して来るといったケースも生まれてきている。中には、そこでNPO職員と長い時間話し込んでいく高齢者もいるそうである。

なお、商品の仕入れは、特にルートを持っているわけではないので、若手の職員が別の地区に存在する大規模ショッピングセンターに買い物に行き、その購入額に10円をプラスする形で販売しており、顧客のニーズを反映する形で購入しているため、売れ残りはほとんど無いという。

前にも述べたように、単なる有償運送だけではなく、様々な事業を組み合わせながら経営的安定を図っているNPOくちないは、ショッピングセンターで購入するだけではなく、地域の特産物を使った餃子等の惣菜をつくり、それを販売するなど、意欲的に活動を拡げている（図7）。

図7　店っこくちないの惣菜（同上）

その延長上に始めたのが、口内地域で採取できる「ごしょ芋」を活用した特産品開発事業である。これまで積極的に食用にされることのなかったキクイモを、「ごしょ芋」としてブランディングすることで、新たな特産品が生まれることとなったのであった。

このように、過疎地有償運送に地域住民が主体となって取り組むことが、公共交通計画だけでなく、地域計画をはじめ多様な場面での実践につながっており、まさに包括的な取り組みとして進められていくことが、地域の持続性に大きな効果を発揮することになる。それでこそ真のコンパクトシティと呼ぶべき姿、それが「あじさい都市」の目標像である。

（4）まち育てのためのプログラム

　地方都市の中心市街地においては、かつて繁栄していた「場所」が、跡地や空き地という名称での単なる「空間」に変わってしまっている。中心市街地の空洞化と表現され、シャッター街の写真が、様々な場面で紹介されている。一方でその周縁の田園地帯や中山間地においては、農業の「場所」だったところが、耕作放棄地に代表される単なる「空間」になってしまっている。

　中心市街地の場合には、メインストリート・プログラムという米国のまちづくりプログラムに1つの可能性を感じることができる。これは、ナショナルトラストの活動の一環として、ダウンタウンに存在する歴史的な商業建築を保全・活用するために創出された市街地再生を目的としたマネジメント手法であり、いわゆる大規模再開発型の都市の改造ではなく、ストックを保全・活用した改善型まちづくりのための支援手法となっている。

　我が国のまちづくりの場面において、支援という言葉が持つ意味合いは、米国のような技術的な支援というよりも、財政面でのサポートの側面がかなり強い。しかし米国の場合は、マニュアルや教則本、How To

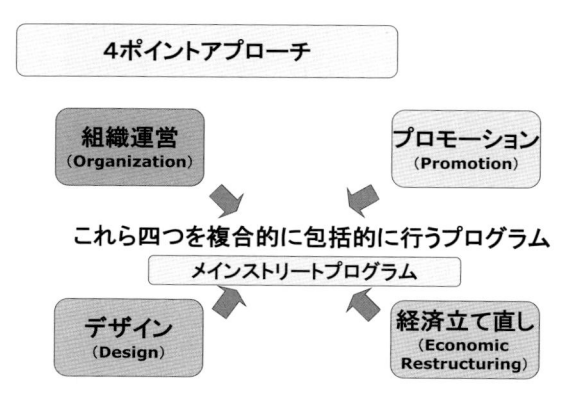

図8　4ポイントアプローチ（再開発コーディネーター協会）

ビデオ等、各地区が独自にプログラムを推進していくための支援が主たる事業となる。

メインストリート・プログラムは、図8に示す4ポイントアプローチによる明快な構成となっているのが特徴である。

先にも述べたように、米国のメインストリート・プログラムは、「空間」だらけの中心市街地に「場所」を再生するプログラムであるが、そもそもの目的は、そのような地域をマネジメントする人材を育てることにより、まちを育てていくということになる。すなわち、ストリート・マネージャーの育成が第1のミッションである。具体的には、図9にあるように、双六のようなチャートを順番にこなしながら、ストリート・マネー

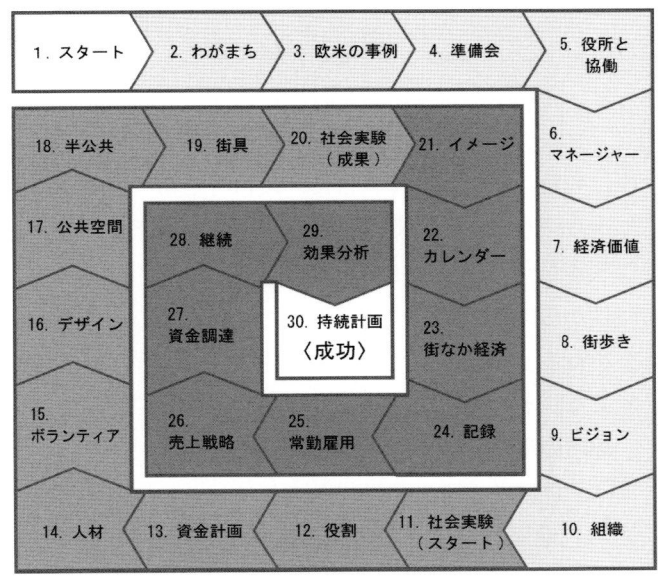

第1ラウンド（ 1～10チャート）：プログラムを理解する
第2ラウンド（11～20チャート）：街の課題をみつける
第3ラウンド（21～30チャート）：マネージャーを決める
第4ラウンド：プログラムを展開する

図9　4つのラウンドと30のチャート（再開発コーディネーター協会）

ジャーと呼ぶべき人材を育てていくこととなる。

　ところで、ストリート・マネージャーとはどういう職能なのか。言ってみれば、まちを育てたいと思う人々が、4ポイントの学習を経た成果として備わっていく職能であり、その彼らが中心となって地域でマネジメントを進めていく役割を担うことになる。

　したがって、専門的な職能がそもそも備わっていなければならないわけではなく、実際に年齢や職業等は多様な状況にある。大学を出たばかりの若者もキャリア形成の一助として、積極的に参入してくるし、また定年後の生きがいとして、自らマネージャーを志望する高齢者も多い。なお、必ずしも地域の出身者である必要はなく、いくつかの地域を渡り歩く外部からのセミプロ的なマネージャーも存在している。言ってみれば日本の地域起こし協力隊に応募する人々と同じような人々もいる。

　実際にワシントンのAdams Morgan地区で紹介されたストリート・マネージャーは、そろそろ別の地域に移動を考えているという外部からの腰掛け的なマネージャーではあったが、通りを歩いている時に地域住民から声を掛けられることが多く、また、彼自身も常に自転車に乗って地域内を常に走り回りながら、親が子どもを育てるように、注意深くまちを見ている眼差しが、印象的であった。

　成長の時代から成熟の時代にシフトした現在、まちをつくる場面ではなく、まちを育てる場面で「参加」が必要なケースが、ますます増えていくはずである。その時、まちを「たべる」人の強い想いとアクションによって、都市の単なる「空間」は、大事な「場所」に変わっていく。

　このように、地域を担う次の世代をストリート・マネージャーとして育成しながら、地域を育てていこうとする手法であるメインストリート・プログラムには、次の8つの原則がある。

　① 総合的・包括的なプログラムであること

　② 段階的に進めること

　③ 地域が主体として動かしていくこと

④ 行政と住民との協働であること

⑤ 参加に満足せず高い質を目指すこと

⑥ チェンジ！…前向きな変化を起こすこと

⑦ 既存の資源（ストック）を活用すること

⑧ 実現を前提とすること

　この8つの原則は、そのまま、地域経営体の発展に欠かせない発想ではないだろうか。農山村地域において、今必要なプログラムは、まさにこの原則を実行していくための担い手育成ではないだろうか。

文　献
村上早紀子（2017）『地域モビリティを育てる「Co交通」の形成に関する研究』弘前大学大学院地域社会研究科博士学位論文。

3．農村計画学の挑戦

藤﨑　浩幸

　本章では、まず、2014年度に青森県新郷村川代（かわだい）地区で行われた集落経営再生・活性化事業における地区将来像の検討経過について述べる。次に青森県三八地域県民局内の7市町村が農山漁村地域経営事業をどのように利活用しているかについて2016年度に調査した結果について述べる。最後に、今後の持続的な農村振興に際し、農村に根差した産業創出と都市との連携が重要であることについて述べる。

（1）青森県新郷村川代地区における集落経営再生・活性化事業
1）集落経営再生・活性化事業応募の経緯
　青森県新郷村川代地区は、太平洋に注ぐ五戸川の支流である三川目川の最上流部に位置し、西方に戸来岳を望み、川沿いの平地とその周囲の丘陵地に広がる地区である（図1）。

図1　戸来岳を望む川代地区

地区には12集落存在し、うち11集落（174戸）が川代小学校PTAを構成していた（図2）。この川代小学校PTAはいわゆる地域PTAで、小学生がいない世帯も含めて地域住民全世帯が構成員となっている組織である。川代小学校PTAが学校行事と連携して、学区民運動会など地区活動を実施していた。なお、川代地区では集落のことを「常会」と呼んでおり、常会が集落内の草刈りなど環境維持や集会施設などの維持管理を担い、また常会長が行政と住民との仲介役となっている。

　ところが少子化の進行により2010年度末に川代小学校が廃校することが決まり、PTAが解体されることとなった。これにより川代地区の各常会が集まる組織が消失し、学校行事と連携していた地区活動が行えなくなることから、2011年度に8常会（128戸）で川代振興会を設立し、

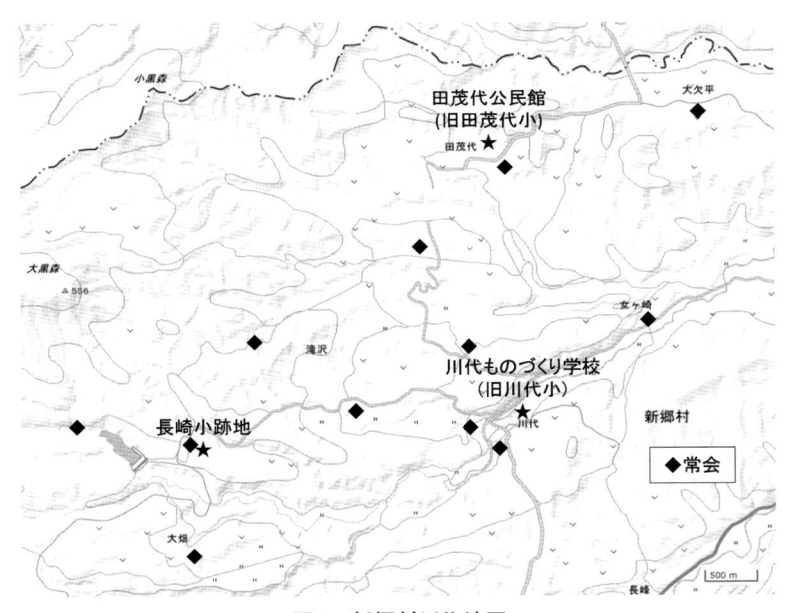

図2　新郷村川代地区
国土地理院地図（電子国土 Web）
（https://maps.gsi.go.jp/#14/40.469208/141.125394/&base=std&ls=std&disp=1&vs
=c1j0h0k0l0u0t0z0r0s0f1）をもとに筆者が加工したものである。

地区活動を行うこととなった。

　残り3常会（46戸）については、そもそも川代地区に属するものの川代小学校学区ではなかった1常会と合わせた4常会で、1996年度に廃校となった田茂代（たもだい）小学校の学区を構成していた。そして

図3　南部大黒舞

図4　川代夏まつり

田茂代小学校廃校後には、4常会で田茂代公民館として小学校校舎を維持管理し、夏まつりを実施し続けていた。そこで、川代小学校廃校後は、田茂代公民館での活動を中心にすることとなり、川代振興会については協力員という位置付けとなった。

　川代小学校校舎は、役場が管理する川代ものづくり学校として活用されることとなった。川代振興会の活動に際し、川代小学校校舎である川代ものづくり学校の施設を大いに利活用している。しかし川代振興会は、川代ものづくり学校の運営には関与していない。

　2011年度に発足した川代振興会は、まず川代小学校郷土芸能クラブが担っていた南部大黒舞（図3）の活動を2011年度も途絶えることなく継続した。

　さらに2012年度には運動会に代わるスポーツ交流会を復活させ、2013年度には川代PTA時代には行っていなかった新規事業として夏まつり（図4）を開催するなど、地区活動に取り組んでいた。

　しかし、川代振興会では地区民の地区活動への参加意欲向上、事業費不足、少子高齢化の進行などの課題を抱えていた。また、役場管理となっている川代ものづくり学校としても、体験教室の充実、地元産品の活用などの課題を抱えていた。こうしたことを踏まえ集落経営再生・活性化事業に応募した。

2）集落点検

　集落点検は、地元住民との協働作業ではなく大学による情報収集により行うこととし、役場からの人口に関する資料収集、地元代表者聞き取り調査、住民意識調査を実施した。

人口・世帯の状況

　新郷村役場の住民基本台帳データによると、川代地区は2014年では人口565人、高齢化率38.9％である。2014年9月選挙人名簿に基づき、

同一住所の選挙人が世帯を構成していると判断すると、75歳以上のみの世帯が14%、65歳以上のみの世帯が13%に達していて、65歳未満が存在する世帯は73%であった。

また、2011年と2014年の住民基本台帳データを用いた青森県地域活力振興課大橋氏の推計によると、この3年間の人口変化傾向が継続すると仮定すると、15年後の2029年に人口405人、高齢化率41.5%となる。しかし、30代前半夫婦と3〜5歳子ども1人の家族が2年に1組転入すると仮定すると、15年後の2029年に人口501人、高齢化率33.5%と人口減少に歯止めがかかり高齢化率が低下することが判明した。

地元代表者聞き取りによる地区の状況

12常会長、川代振興会役員、川代ものづくり学校校長、田茂代公民館運営委員会会長を地元代表者として選定し2014年8〜9月に逐次聞き取り調査を行った。

まず、世帯数減少・若年層減少に関して、7〜8常会では減少が強く意識されていて、このうち3〜4常会では、常会自体の存続にも不安感をいだいていた。

次に各常会の生活環境に関して、各常会とも冬季の道路除雪、村営バスの運行、防火用水、集会施設などが一通り整い、部分的に整備要望がないわけではないが、大きな問題を抱えていない。ただし、住民管理の上水道のうち世帯数および若年層減少の影響が顕著な施設についてはその持続性が不安視されていた。

地域の産業について、第2次世界大戦前に盛んであった薪炭業、林業、軍馬生産、酪農などはいずれも衰退し、大半の住民は地区外に勤めに出ている。しかし、一部では、肉牛生産や野菜生産などで若年層の農業者が存在している。また、地域内の農業生産基盤の状況について、一部、老朽化した水利施設も存在するが、農道、農業用水路など一通り整備済であり、主要な農地では耕作放棄が目立たない状況であった。

小学校廃校に関して、川代地区には川代小学校、田茂代小学校、長崎小学校の3小学校がかつて存在していた。1992年度にまず長崎小学校が廃校となり、川代小学校に統合されている。長崎小学校の校舎は既に存在しておらず、跡地が更地のまま残っている。長崎小学校の学区は、戦後開拓された地区で、以前存在していた開拓農協関係者が現在も年に1度集まりを持っている。しかし小学校廃校を契機とした地区活動は行われていない。1996年度に廃校となった田茂代小学校については、上述した通り、校舎が田茂代公民館とされ、田茂代公民館運営委員会による夏まつりが毎年開催されるなど、田茂代地区4常会の拠点となっている。また、TMOクラブと称する若手（中堅）有志グループの活動が見られることが特筆される。川代小学校についても上述した通り、2010年度に廃校となり、川代振興会が発足し地区活動を行っていて、校舎は川代ものづくり学校となっている。しかし、田茂代地区とは異なり、川代振興会は川代ものづくり学校を活動場所として利活用するものの川代ものづくり学校の運営には関与していない。

　川代ものづくり学校では、布ぞうり・カゴづくり体験とソバ打ち体験ができ、以前地区で用いられていた民具や農業・林業の用具の展示が行われていて、川代の魅力を全国に発信する施設と位置付けられている。各体験教室の活動は着実に実施されているものの、川代ものづくり学校としての年間事業計画といったものが存在せず、学校の運営主体があいまいな状況になっている。そして、川代振興会の活動は総じて住民に好意的に評価されているのに対し、川代ものづくり学校については、地域の活性化につながる施設であるとの意識が住民の間で希薄である。

　今後の地区活性化につながりそうな地域資源については、まずは住民の和が構築されていること、山村体験を提供できる人材がいること、五戸川支流三川目川の最上流域で自然豊かで、戸来岳を望む景観や昔懐かしさを感じる里山景観（図1）などが挙げられる。しかし、五戸地域に共通する要素が多く、川代を特徴づける決定的な地域資源を絞り込みに

くい状況である。

川代地区の将来に関する住民意識

　2014年12月に「川代地区の将来に関する意識調査」を川代地区の選挙人名簿掲載者500名を対象として実施した。配布回収は、各常会の広報配布・回覧板機構を活用した。有効回収率58.2％である。

　集落の将来見通し（図5）については、31％の回答者が「集落消滅の危険性あり」と回答している。また、自身の今後の居住地見通し（図6）については、「いずれ外に出て戻ってこない」10％、「いずれ外に出る

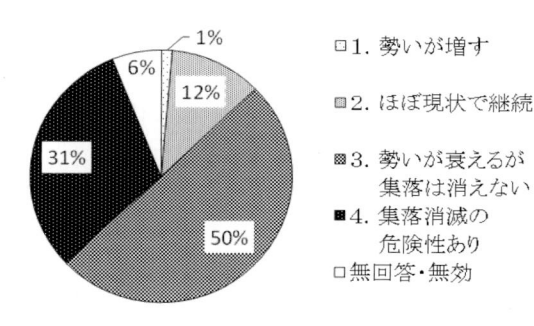

図5　集落の将来見通し
（2014年12月「川代地区の将来に関する意識調査」より）

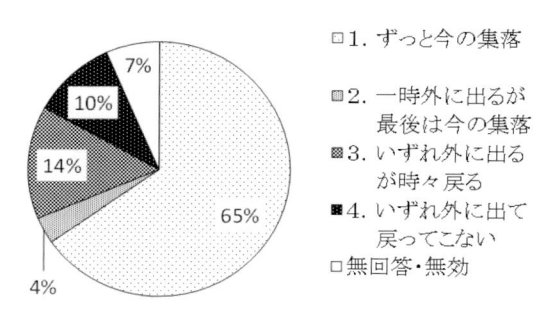

図6　自身の今後の居住地見通し（同上）

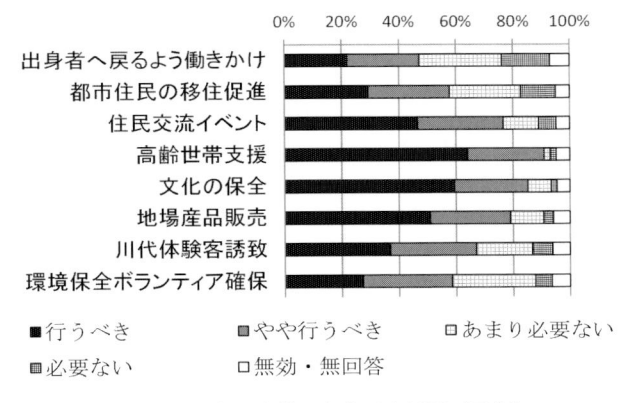

図7　地区住民主体で行うべき活動（同上）

が時々戻ってくる」14％を合わせると回答者の4分の1は、いずれ地区外で居住する意向を有していることがわかる。

　地区住民主体で行うべき活動（図7）については、肯定的な回答が最多だったのは「高齢世帯支援」で91％である。次いで「文化の保全」85％、「地場産品販売」79％、「住民交流イベント」77％、「川代体験客誘致」67％となっている。住民増加につながる「出身者へ戻るよう働きかけ」は肯定的回答が最少の47％、「都市住民の移住促進」はそれに次ぐ58％であった。

3）先進地視察

　住民主体の地域づくり活動に関する先進地視察として、2014年10月27～28日に秋田県大館市を訪問した。参加者は川代振興会関係者8名（全員男性）、役場職員1名、県庁職員1名、大学メンバー2名である。

　大館山田集落会では、軽トラ市や、原木マイタケオーナー制、野菜・山菜通信販売について話を聞いた。大葛（おおくぞ）の将来を考える会では、温泉施設の運営、結婚仲人への支援金、地域おこし協力隊の受入など20年近い地域づくりの取組みについて話を聞いた。陽気な母さん

の店では、女性中心の農産物直売所の運営、農業体験受入れ、通信販売について話を聞いた。

　参加した川代振興会関係者は、川代における農産物や山菜販売や女性の活躍の可能性など、思いを巡らしているようであった。

4）中間住民報告会

　集落点検結果がある程度得られていること、先進地視察を行ったことを踏まえ、川代振興会が集落経営再生・活性化事業に取り組んでいることを、川代地区住民に幅広く広報するため、2015年12月20、21、23日に、川代地区7常会の集会施設で中間住民報告会を順次開催した。会場を各常会の集会施設としたのは、こちらから各常会に出向き、今後の事業推進への幅広い参画を期待したためである。その結果、7会場合わせて60名近い住民の参加が得られた。内容は、住民主体の地域づくりに関する講話、集落経営再生・活性化事業の説明、集落点検結果（中間まとめ）の報告、川代地区の将来構想について意見交換するための、川代の未来を語り合う会への参加依頼である。

　説明後の意見交換では、報告された集落点検結果に関して、住んでいて生活面での不安はあまりない、高齢者ばかりで常会の存続に不安があるといった点検結果に同感する意見や、川代振興会が発足し実施しているスポーツ交流会や夏まつりの継続は重要だといった今後の活動継続への意欲、川代振興会の活動充実のため今回の事業などを活用して施設や備品整備を進めてほしいといった事業への期待などが表明された。

5）川代の未来を語り合う会

　川代地区将来構想の立案のため、「川代の未来を語り合う会」と名付けた地域づくりワークショップを2回開催した。第1回は地区の将来像、第2回は住民主体で取り組むことについて、意見交換した。参加者は川代地区住民に広く声掛けし、なるべく多くの住民に参加してもらうこと

とした。会場はいずれも川代ものづくり学校である。

　第1回は2015年1月25日に開催され、川代地区住民48人が集まった。当初地区住民参加者として20〜30人規模を想定して準備を進めていたが、消防団など各種ルートを通じた川代振興会関係者の声掛けが功を奏した結果、想定を大きく上回る参加者が得られたものと思われる。スタッフについては、当初青森県集落経営再生・活性化事業担当者と大学とで対応する予定であったが、直前に青森県三八地域県民局などに応援依頼して開催にこぎつけた。

　作業は男女別世代別に約6人ずつの8グループに分かれ、まず各メンバーが簡単な自己紹介を行った後グループ名を考えた。そしてグループ作業1で、川代地区の特徴について意見交換を行い、強みと弱みを考え、グループ作業2では、川代地区の将来像についてアイデアを出し合い、大きな紙の上に内容ごとに整理して並べ、スローガンを考えた（図8）。

図8　川代の未来を語り合う会の様子

その結果、地区の強み・弱みについては、住民の結束力、農産物・山菜などの恵み、自然環境の豊かさなど長所を有する一方で、人口減少や高齢化の不安といった短所があるといった集落点検結果と符合する意見が出された。将来像のアイデアでは8班合計で164項目の多岐にわたる意見が出された。表1に内容ごとに区分して列記しているが、若者の定住促進や農林業の担い手確保といった人と地域に関すること、買い物や交通弱者対策や生活利便施設整備など生活の安心に関すること、住民交流イベントの充実や伝統の継承、そのための施設整備に関する地区住民交流に関すること、自然体験イベントの開催や廃校・空家活用などにより地区外からの来訪者確保に関すること、地区内の農林産物をはじめとする資源を活用して収入確保を目指す地場産業に関すること、景観や自然など環境保全に関することの意見が出された。そして、各班の個性を

表1　第1回川代の未来を語り合う会結果

○各班の地区将来へのスローガン

- 楽しもう田舎　（克志発祥の地班）
- 元気な川代づくり　（第8分団班）
- 豊かな自然を活かした農林業の振興　（お酒大好き班）
- 自然豊かな川代に根を張ろう　（白根葵班）
- 地域ぐるみの自給自足　（森郷〜しんごう〜班）
- 天空の森川代　（後期青年クラブ班）
- 次に伝えよう！！団結力　（まろん班）
- 心も懐も豊かな村　（月下美人班）

○地区将来像のアイデア（内容別）

【人と地域】若者の定住・人口確保／農林業の担い手確保／外部人材の受入れ／地域人材発掘／地域づくりの担い手
【生活の安心】暮らし方・生きがい／自給自足／近所付き合い／買物／交通弱者／健康増進／生活快適施設／福祉保養施設
【地区住民交流】集いの場の整備／住民交流／屋内イベント／スポーツ交流／自然体験イベント／伝統芸能・文化
【地区外との交流】若者移住促進／自然体験／登山・散策／景色を楽しむ／食材捕り・採り／指久保ダム／廃校・空家活用／宿泊施設
【地場産業】方向性／農林業／農産加工／ヨーグルト／山菜・きのこ／酒／料理・レストラン／手工芸／水／温泉・焼き物／販売
【環境保全】自然環境保全／景観保全／環境美化活動／再生可能エネルギー

生かした地区将来へのスローガンが表1に示すように掲げられ、班により重点の置きどころは多少異なるものの、いずれの班についても、地域資源を生かして川代地区の継承を図っていこうとする方向が示された。

　参加者アンケートでは、「とても有意義だった」67％、「有意義だった」29％という回答が得られ、「川代に足りない（必要な）ものが、わかって良かった」、「これからの川代地区をみんなで話し合い、意見を出し合う機会はとても重要だと感じた」などのコメントが寄せられた。

　第2回は2015年2月15日（日）に開催し川代地区住民40名が参加した。ただし、事情により1常会のみ前日に別途開催した。グループ編成は、男女別としたものの、第1回とは異なり世代混合とし7班に分けた。

表2　第2回川代の未来を語り合う会結果

○重要度の順位別選定班（A-G）

将　来　像	第1位	第2位	第3位
山菜・きのこ・農産加工	F、G	C	A、E
地区外交流：若者移住	F	E、G	C
外部人材・出身者受入	B	D、G	
地場産品の販売	F	G	B
集いの場の整備	E	B	C
若者定住	D、F		
地区住民交流	A		C
自然環境保全	C		D

○取組みやすさの順位別選定班（A-G）

将　来　像	第1位	第2位	第3位
地場産品の販売	B、E、F	G	
山菜・きのこ・農産加工	G	C	A、E
地区住民交流	A、D		C
伝統芸能・文化	E	A	
集いの場の整備		B	C、E
自然環境保全	C		
環境美化	F		
地区外交流：若者移住			C、E

そして、第1回で発案された将来像1つ1つについて、取組み主体として行政等、地域、個人いずれが主体となるべきかをまず検討した。その後、抽出された地域が主体となるべき活動について、地域にとっての重要度と取組みやすさの2つの観点から◎／○／△の3段階で評価し、それぞれ上位3位までを選定した。その結果（表2）、重要度が高い将来像は、「山菜・きのこや農産加工品の生産」、「地場産品の販売」、「地区外との交流を通じた若者の定住促進」、「集いの場の整備」などとなり、取組みやすい将来像は「地場産品の販売」、「山菜・きのこや農産加工品の生産」、「地区住民交流」などだった。参加者アンケートでは、「とても有意義だった」53％、「有意義だった」41％という回答が得られ、「将来何をすべきか目標が見えて来た」、「建設的意見が多く出て実りの多い会合であった」といったコメントが寄せられた。

6）2014年度最終住民報告会における川代地区振興構想

　2015年3月15日に北地区老人福祉センターで、2014年度最終住民報告会が開催された。参加住民は約30名であった。まず集落経営再生・活性化事業のねらいについて改めて説明した後、この1年間の集落点検や先進地視察、川代の未来を語り合う会の結果が報告された。また、川代地区と同様にこの事業に取り組んでいる平内町藤沢地区から視察を受け入れたことも報告された。そして、今後の川代地区振興に向けて、弘前大学藤崎による「ふるさと川代大好き！構想」の報告、青森県地域活力振興課大橋氏より総務省過疎地域等集落ネットワーク圏形成支援事業「川代地区未来への挑戦事業」と、自治総合センター一般コミュニティ助成事業の2つの事業申請の報告、竹ヶ原公氏（弘前大学地域社会研究科客員研究員）より以上を踏まえた川代の近未来についての紙芝居が行われ、最後に、2015年度に向けた川代宣言を唱和した。

　藤崎の「ふるさと川代大好き！構想」では、持続的定住人口の確保を目標として、その対策として住民／出身者／ファンの連携促進が期待さ

れることが報告された。その具体策の1つ目は「コミュニティー活動の持続的活性化」で、各常会、川代振興会、田茂代公民館運営委員会などが一堂に集まり川代地区全体の地域振興の主体となる「ふるさと川代推進協議会」の設立と、この活動拠点として川代ものづくり学校、田茂代公民館を位置づけ、開拓地区へも活動拠点確保が望まれることなどが提案された。また2つ目の具体策として「地区外との交流拡大」で、川代出身者と川代ファンを組織化する「ふるさと川代会」、地区内有志による収益事業「軽トラショップ川代」、川代への来訪者確保のため「体感川代イベント」が提案された。

　総務省と自治総合センターへの事業申請では、川代振興会役員、新郷村役場と青森県地域活力振興課による意見調整の結果、「「チーム川代」強化・発信」を目的とする夏まつり強化や拠点となるあずま屋整備、「小さな生業づくり」を目的とするそば特産品化の加工機器や軽トラ市試行、「いきいき後期青年者」を目的とする高齢者の健康づくり・生きが

図9　川代おいC-1（おいしいワン）まつり

いづくり器具、大黒舞衣装、川代ものづくり学校への映画館整備などが盛り込まれていた。なお、これら2つの事業は2015年度にいずれも採択となった。拠点整備や各種機器等の購入が進行すると同時に、地区外から来訪者を集めるための川代おいC-1（おいしいワン）まつりが2015年10月4日に開催され、川代ものづくり学校校庭において、農産物販売、地元食材を使用した料理コンテスト（図9）などが実施された。さらに2016年1月31日には川代振興会主催で県や大学の支援なしに2015年度の振り返りワークショップを開催し、今後の活動に向けた意見交換が行われた。

7）川代地区における地域づくり活動の課題

　まず今回の集落経営再生・活性化事業を通じて最も強く感じるのは、川代地区は地域住民のまとまりがよく、地域行事を推進する人材が整っていることである。これは、これまでの地区PTA、消防団などを通じた地域実践力の蓄積が厚いことがその要因であろう。しかし、筆者が接する限りにおいては、接する人材の大半が男性であり、女性参画が希薄である。また、人口減少が顕著で地域活動力が乏しい一部の常会の活動への取り込みも課題として指摘することが可能である。

　さらに、各種の事業に採択されることにより、これまでの通常の地域活動の労力に加えて、事業実施のための労力も必要である。一時的な事業の盛り上がりは、地区活性化の導火線として必要である。その一方で、長期的視点からは、参加者が参加疲れせず持続的に地域活動に取り組める事業規模を念頭に置いて進行していくことが課題となってくるであろう。このため、すべての地域活動人材を地域内で賄うのではなく、出身者などによる地区外からの支援を持続的に得る体制づくりも重要であろう。

　集落点検について、今回は住民主体の方法を実施しなかったが、今後、見て歩こう会、先輩の話を聞く会、若者の夢を語る会などを隔年で実施

するなどして、地区主体で持続的に取組むことも望まれる。

　さらに、小中学校教育と地域づくり活動との連携も重要である。統合された学校では各地区と切り離された学校行事運営となる。子どもが地区外ではなく地区内で就業したいという意欲を高めるためには、教育活動の中においても、児童生徒の地区への帰属意識を高めることが望まれる。このため統合した学校側で、月1回地区活動の日を設定するなどして、児童生徒を地区に送り返す工夫が望ましい。

　最後に、住民主体の地域づくりへの行政等の地区への支援体制である。いくら住民主体の地域づくりが大切であるとはいえ、有益な助成事業の目配りと調書作成は地元住民では困難であり、地域づくり活動の相談窓口が必要である。また地区内で利害が対立する案件については、中立的な意見交換の場の運営者が必要である。このようなことから、行政等による地域づくり支援専門員の確保が望まれる。しかし役場職員はそもそも多忙であるし、地域づくりNPO等は未成長な状況である。今回の事業では、県地域活力振興課が献身的に支援したが、一般化できるわけではない。

　今回の事業実施に際し、川代振興会を中心とする川代地区住民の方々、県地域活力振興課、新郷村総務課など関係各位のご尽力、ご協力には深く感謝いたします。

（2）青森県三八地域における地域経営事業の成果と課題

1）担当者への聞き取りから探る成果と課題

　以下ではまず、青森県三八地域（八戸市と三戸郡の範囲）7市町村について、三八地域県民局農業普及振興室及び7市町村の地域経営事業の担当者より2016年度に聞き取り調査を行った結果を順次報告する。

　A自治体では、地域経営事業により、地元大学と連携した農業経営者向けの講習会と地区座談会を行っている。マネジメント部会は、A自治体職員と県職員のみで構成していて、農業者など現場関係者を加えてい

ない。また、キーパーソンは農業委員とＡ農業経営者協議会会長としていて、女性や若者を意識した人選は行っていない。また、地区座談会においては、いわゆるワークショップ方式での運営は行っていない。

このような活用方法としている背景としては、Ａ自治体として、現場関係者と行政職員とが一体となった意見交換の場を設けずとも、Ａ自治体内各地区の農業課題を把握することができており、課題解決に合致する補助事業を導入できていること、Ａ自治体全域への公平な支援が必要で、一部地域や女性・若者に特化したような支援は適切でないと考えていることが要因である。さらに、実務上の問題として、Ａ自治体域が広く、各地区で農業の態様が大きく異なることから、各地区から農業者を集めて会合を開催しようとしても、開催日時の調整が困難であり、また共通した話題による意見交換が困難だと考えていることもある。

Ｂ自治体では地域経営事業を大いに活用し、果樹品種特産品化、観光農園の支援、産地直売施設支援に充てている。

事業開始時に、まず、Ｂ自治体、県民局農業普及振興室、ＪＡの三者で地域経営事業の活用方法を相談している。その結果、Ｂ自治体として力を入れたい分野、そして、この事業でなければ補助できない事業として、情報交換の場づくりや人作りに充当することを決定している。

マネジメント部会は、この事業を活用しようと考えている分野に関連する組織の代表者で構成している。ただし、結果的にマネジメント部会の構成員は、この部会以外でもＢ自治体全体の農業に関する各種会議などで、互いに構成員となり意見交換をする機会を有していて、意見交換のテーマにより、会議の名称が異なるものの、日頃からＢ自治体の農業振興について意見交換する関係性を有している。また、キーパーソンとしては、この事業実施に関係する者としている。

ファシリテーターについては、当初、意味が理解できなかったそうである。しかし、ファシリテーターが存在するワークショップ方式での話し合いを実施してみると、その意義を感じることができたそうである。

そして、地域経営事業があることで、B自治体の農業振興に寄与する効果が少しずつ得られていて、類似の事業が継続するのであれば、活用したい分野を一から再検討して、最大限に活用していきたいとの意向であった。

　C自治体では、地域経営事業を大いに活用していて、地域行事（夏まつり）復活、女性起業、6次産業化、集落営農などの研修などに活用している。

　C自治体の目標として、地域で外貨を稼ぐ、という考えがあり、またC自治体首長にも、やる気がある人を支援する、という考えがあるので、この考えに適合する農業者支援に地域経営事業を活用しようと考えた。そのため、地域経営事業に着手する際に、C自治体内から外貨獲得に関係しそうな、多様性に富むメンバーを集め、事業実施に向けた意見交換会を実施した。この意見交換会で出された意見をC自治体が整え具体化した。

　マネジメント部会は、事業実施に向けた意見交換会のメンバーがそのまま移行した。マネジメント部会を通じて、メンバー相互の関係性が構築され、互いの活動に対し建設的な意見交換が行われ、相乗効果が発揮されているとのことであった。

　また、「地域経営」という事業名称があることで、農業振興の枠を一歩踏み出して、地域の農業者が中心となり地域の夏まつりを復活させるという成果につながった。

　C自治体にとって、地域経営事業は大変有意義な事業であったが、この事業で実施している各種のソフト事業を、ハード事業とどのように連携させていくかが課題である、と考えているとのことであった。

　D自治体はある畑作物を生かした町づくりで有名であるが、地域経営事業を必要としていない印象で、積極的に町づくりに活用することは行われていないようである。県民局農業普及振興室の協力を得て、研修会や農産加工品開発などに活用している状況であるけれども、担当職員が

他の業務で忙しく、年度初めに立案した事業計画の遂行にも苦労している状況のようである。

　現在の担当職員は、この事業開始当初からの経緯をあまり把握していない様子である。地域経営事業については、地域農業のリーダーを育成するための事業という印象を有しているようである。

　マネジメント部会は、Ｄ自治体、Ｄ農業委員会、県民局農業普及振興室、ＪＡの４名から構成されている。

　Ｅ自治体は、農業生産関係と都市農村交流関係とが別の課となっている。また、平成合併前の各自治体でそれぞれ農業の特性が異なっている。

　地域経営事業では、野菜品種特産品化、若手農業者ネットワークづくり・研修などを実施している。事業内容はＥ自治体主導で決定している。

　マネジメント部会は、親委員会である担い手育成協議会とほぼ同一メンバーで、Ｅ自治体、県民局農業普及振興室、ＪＡ、土地改良区から構成されている。

　若手農業者のネットワークがこの事業により大いに活性化したとのことである。また、野菜特産品化支援では、栽培に必要となる消耗品を助成している。補助事業では消耗品を助成できないため、地域振興や担い手育成のために有用であることを十二分に検討した上での助成となるが、消耗品を助成できる事業であることについては、とても助かっているとのことである。そして、地域経営事業のような事業が存在することは、町の農業振興に有効であると考えているものの、「地域経営」という名称は、何を行う事業なのかイメージがつかみにくいとのことであった。

　Ｆ自治体は、農産物直売所やソバ料理の食堂があるＦ1地区交流センター活性化や林産作物栽培など多様な用途に地域経営事業を活用している。

　地域経営事業のキーパーソンとして、農業関係のみならず漁業関係からも人選し、また、Ｆ自治体全域をカバーできるようＦ自治体外からの来訪者を得やすいＦ2地区だけでなく、交通網等の関係から人が集まり

にくいF1地区からも人選して、地域経営事業の活用方法について意見交換する会議を開催している。なお、これらのキーパーソンは、マネジメント部会構成員ではない。マネジメント部会はF自治体、F農業委員会、県民局農業普及振興室、JAから構成されている。しかし、キーパーソンの会合が、実質的にマネジメント部会として機能しているように判断される。

地域経営事業により、農業者と漁業者、あるいはF1地区とF2地区のキーパーソンが、建設的な意見交換を通じて新たな相互の人間関係を構築できたことは、地域経営事業の成果の1つであるとのことである。また、キーパーソンのネットワーク形成やF1地区交流センター活性化支援が、F2地区交流拠点のハード整備への引き金となったそうである。さらに、これらのキーパーソンと地域経営の各種事業を通じて、F自治体内に小遣い稼ぎなどへの意欲向上も感じられるとのことである。事業開始時に、何にでも使える事業ということで活用方法が理解しづらかったが、地域振興の担い手づくりと理解することで、事業の利活用に積極的になることができたそうだ。

G自治体では、地域経営事業で、ラジコンヘリオペレータ養成、3種の特産農作物の導入定着、新規就農者の育成に取り組んでいる。

事業発足時、G自治体ではこの事業の活用を見送る考え方もあったそうだが、G自治体以外の青森県内全市町村が事業導入予定との情報があり、この事業に取り組むことになったそうである。そして、地域経営事業で実施した事業については、それぞれ一定の成果を上げているそうである。

マネジメント部会は、G自治体、G農業委員会、県民局農業普及振興室、JAで構成されているけれども、キーパーソンも加わって会議運営を行っているので、実質的にはキーパーソンもマネジメント部会員と考えることができる。また、会議では自由闊達な意見交換が行われている。ただし、キーパーソン相互は、地域経営の事業前から、互いに意見交換

ができる関係性を有しており、地域経営事業が村内のキーパーソン間の関係性構築に貢献したということには該当しないそうである。

2）成果と課題に関する分析（2016年度末時点）

　以上7市町村の聞き取り結果から判断して、地域経営事業は、市町村により活用の仕方に大きな差異が存在し、また、その効果の発現状況が大きく異なっていると見ることができる。

　まず、キーパーソンをうまく発掘し、マネジメント部会あるいはキーパーソン間の建設的な意見交換の場を活用することができた自治体においては、自治体内に新たな部門横断的な人的ネットワーク構築、あるいは孤立しがちな若手の人的ネットワーク構築に大きな効果を発揮している。

　また、用途が限定されない使い勝手の良いソフト事業であるため、それぞれの地域事情に対応した特産品開発や人材育成などに効果を発揮していると見ることができる。

　一方で、事業制度の自由度の高さや「地域経営」という名称の分かりにくさ故に使途の発想につながらない自治体や、新たな枠組みの事業の導入に消極的な自治体では、キーパーソンの発掘や、キーパーソン間の新たな関係性構築などに至らず、研修会といった他の事業でも実施可能な事業の一部を地域経営の事業で対応するといった状況にとどまっている。

　また、マネジメント部会についても、本来、自由奔放な意見交換を通じて、今後の農山漁村地域活性化に資する取組みを見出す場とすべきであるけれども、事務局が作成した案を承認する場と形骸化した運営にとどまる傾向が高い。

　こうしたことから、課題の1つ目は、事業名称・目的と運用方法の市町村への周知と考えることができる。

　次に、地域経営事業の数値評価指標の取り扱いも課題である。地域経

営事業の数値評価指標は、地域経営体の発展段階ごとの数である。しかし、地域経営事業で実施されている事業の多くは、地域経営体の数や発展段階の向上に即効薬的に効果を発揮するものではない。例えば、研修会であれば、特定の経営体を育成するものではなく、関心がある多数を対象とした内容とならざるを得ず、その研修が直ちに地域経営体の状況に反映するとは考えにくい。また特産品開発などでは、本格的な事業展開に向けた段階ではなく、可能性があるかどうかを見極める初期段階での事業に活用されているので、効果を発現にするには本格的な事業着手段階でのハード事業を含めた支援が必要となるが、こうした部分については、目的が特化した既存の他の補助事業が効果的である。さらにキーパーソン相互の関係性構築は、そのこと自体がすぐに地域経営体の発展段階の向上と数の増加につながるものではない。

　そして、地域の規模についても留意が必要である。地域経営事業は自治体単位に実施されているが、平成合併以降、市町村の規模はかなり広域な市から小さくまとまった町村まで多様化している。集落レベル、昭和の合併前の旧町村レベル、広域レベルなど、地域の広さにより、キーパーソンの顔ぶれや意見交換の内容も異なってくる。さらに三八地域では話題に出ていないが、青森県内には地域県民局をまたいで広域に事業展開している農業法人が存在している。

　以上の三八地域における成果と課題を踏まえると、農山漁村地域経営事業のあり方について、以下のようなことが指摘できる。

　まず、「地域経営」という用語についてである。青森県が「地域経営」を農村漁村活性化に関する政策用語として重視していることは高く評価したい。とはいえ、一般に地域経営は、自治体経営という意味にも用いられる用語である。また「地域経営体」についても、町村の平成合併や農協の広域合併、過疎化の進行に伴い役場やJA支所、商店、公共交通機関が消失した地域で、地域住民（有志）が地域の存続のために役場的な地域維持活動や商店経営、コミュニティバス運営などを行う場合に用

いる。こうした点で「地域経営」という用語は混乱を招く危険性を有しており、このことが市町村職員の事業制度理解を阻害している懸念がある。変更は困難であると思うものの、例えば「地域支援型農林漁業経営」といった用語への転換が望まれることは、指摘しておきたい。

　次に事業の枠組みと市町村への周知についてである。自由度が高いソフト事業費という枠組みは貴重であるので存続すべきである。また、ファシリテーターによるワークショップ形式での意見交換会の運営なども積極的に推進することが望まれる。その一方で、ワークショップ方式での会合では、意見集約に時間を要することから、初年度は、原則として課題とキーパーソンの発掘のみに特化することを原則とする運営方法が考えられる。そして、市町村の総合計画、人・農地プランなどの関係する諸計画を前提として、部門横断的に市町村中堅職員と市町村内各部門関係組織の代表者などによる組織横断的なメンバー構成での、ブレインストーミング的な会議運営から開始することを原則としてはどうかと思う。ただし、事業開始からこれまでの5年間で地域経営事業を十分使いこなしている市町村については、この段階を省略することで問題ない。

　そして、事業評価として用いられている地域経営体の類型と発展段階についてである。現在の6類型4発展段階は、複雑であるので、可能な限り簡素化することが望まれる。一案として、農林漁業（関連）経営体としての経営軸と、地域経営としての地域軸の2軸で考える方法がある。経営軸としては、予備段階（M0）として持続可能な経営を目指している、基礎段階（MB）として持続可能な経営を確立している、そして発展段階（MA）として経営発展を進めているの3段階、地域軸も同様に、予備段階（C0）として地域社会との関係性を有していない、基礎段階（CB）として地域社会との関係性を有している、発展段階（CA）として地域社会に関する主体的な活動を行っているの3段階で評価してはどうかと考える。その上で経営軸のMB以上かつ地域軸のCB以上の段階にある農林漁業（関連）経営体が地域経営体に該当するものと考え

るのである。

　MB段階の指標としては「収支バランスがとれていること」と、経営の存続の視点として「後継（予定）者（継業者でもよい）がいる」あるいは「法人化している（法人化計画がある）」とし、MA段階の指標としては「資金調達が見込まれる」、「生産力／販売力強化に取り組んでいる」、「6次産業化／農商工連携に取り組んでいる」が考えられる。

　CB段階としては「農山漁村の環境保全、農地の多面的機能を支える活動を行っている」、「地域の伝統行事等の維持、継承活動を行っている」という指標が考えられ、CA段階としては、「自らの取組又は連携した取組により地域内に雇用を創出している」、「コミュニティ維持・再生活動に取り組んでいる」という指標が考えられる。（なお、地域経営体の類型と発展段階に関するこの指摘は、2016年度末に研究グループで内容を検討した後、「地域経営体の区分簡素化と経営力強化と地域貢献の2軸による評価へ」という提言としてまとめられた。この提言を踏まえ、2017年度より3類型に整理された。）

　農山漁村地域経営の類似事業との関係性についても、検討が必要である。国は、地域農業の担い手発掘を進めるため、人・農地プラン（地域農業マスタープラン）の作成を市町村に促しており、この作成のために、集落・地域ごとに、どこの農地を誰が今後営農するのかという話合いが行われる。また、農地や農道・水路の維持管理に関して、国の多面的機能支払交付金や中山間地域等直接支払交付金制度があり、これらでは主として集落レベル、場合によっては数集落が連携した地域レベルで、農地、農道、水路の維持管理の面から農業者以外とも連携した地域づくり活動が行われている。地域経営事業の推進に際しては、こうした制度との有機的な連携を意図することが望まれる。

　最後に地域の規模についてである。地域経営事業は市町村単位に展開されている。しかし、その内容としては、地域経営体を軸としたボトムアップ型のむらづくりが指向されている。平成合併を行っていないよう

な小規模な市町村では、市町村全体での取組みのみで問題ないと考えられる。しかし、市町村の規模が大きな場合、この事業を市町村全体の事業として展開すると、ボトムアップ型のむらづくりを展開するには地域の範囲が広くなり過ぎる。広域な市町村では特定の地区や部門や組織に特化してモデル的にこの事業を展開した方が、事業効果が拡散せず、直接的な効果の発現につながるものと考えられる。

　このためにも初年度を課題発掘とキーパーソンの発掘のみに特化することで、この過程でモデル地区・部門・組織の絞り込みを行うことが可能となり、モデル地区・部門・組織に特化した行政支援を行うことを市町村として公認することにつながるものと期待される。さらに、モデル地区・部門・組織での効果発現が、次の地区・部門・組織での効果発現へと波及することも期待される。

　市町村や地域県民局の範囲を超える広域的な農林漁業経営体については、具体的な事業が展開されている昭和合併前の旧町村程度の地域ごとに、それぞれ地域軸での評価を行う必要がある。そして、小地域での評価を踏まえ経営体全体として評価を判断すべきである。ある地域で地域貢献活動として高く評価される活動を行っていたとしても、他の地域において収奪的あるいは粗放的な経営がなされていたとすると、その地域にとって広域的な農林漁業経営体は好ましいものとは考えにくいからである。広域的な農林漁業経営体は、これまでの農山漁村行政の枠組みでは取り扱いにくい存在であるけれども、今後の農山漁村振興に積極的に活用すべき存在であるので、このためにも地域軸として、しっかりとした評価が望まれる。

（3）持続的農村振興に向けて

　川代地区における集落経営再生・活性化事業は、農村地域における住民主体の地域づくりの一種である。農村地域での住民主体の地域づくりは、古くは山形県飯豊町での椿講（藤本1984、藤沢2012）など多く

の事例があり、この手法の意義についてここで再度述べる必要はないであろう（たとえば、木下2007）。しかし、こうした住民主体の地域づくりを普遍化していくための行政や地域づくりNPOなどの体制については、依然として未成熟な部分がある。また、農山漁村地域経営事業も、制度設計上はマネジメント部会を軸として、住民主体の地域づくりを促進する考え方となっている。しかし、この理念を生かした運営を行えている自治体は限定的であり、やはり住民主体の地域づくり手法の普遍化が不十分であることを示している。

これと同時に、現在の農村では、農業従事者の減少と高齢化が進行し、耕作放棄地が発生し、限界集落という言葉が一般化している。もちろん人口減少社会に突入している現在の日本において、一定程度居住域の縮減が発生することには、経済的な合理性がある。とはいえ、野放図に自然淘汰に委ねるわけにはいかない。そこで、持続的な農村振興のために求められることについて、ここで言及しておきたい。

1点目は農業振興と農村振興の乖離についてである。

日本農業を取り巻く社会状況として、産業の中心がサービス業となり、また国際化社会の中で貿易立国を図る以上、農業の構造改革は不可避であることは間違いない。そうした社会情勢の下、2015年農林業センサスでは家族経営体数134.4万件で2005年からの10年間で3割減少した一方で、組織経営体数が3.2万件と10年間で1.2倍となり、その経営面積は2.2倍になっている。この組織経営体が行う農業では、高品質化や安全性、あるいは生態系・景観ブランド（コウノトリ米や棚田米）による高付加価値化よりも、規模拡大や省力化による低コスト化が追求される場合が多いであろう。

組織経営体が規模拡大や省力化を進めることは、農業経営の面では好ましいことであるが、一方で必要な農業労働力が減少することを意味する。農村の混住化や兼業化が進み、農業に生計を依存しない農村居住者が既に一定程度存在しているとはいえ、農業に必要な労働力の削減は、

農村居住者の減少を引き起こすことは間違いない。

　また、組織経営体が増加することは、家業としての農業から、会社勤めとしての農業へ変質することであり、職住近接を前提としていた農業から会社へ通勤する農業へと変質することを意味する。中山間地域で農業を行っている優良な中堅農業法人経営者の中には、子どもの教育環境を考え、住まいを市街地に移動し、家庭生活を街で行いながら、中山間地域へ車で30分程度通勤している事例も発生してきている。

　極端な事例としては、震災をきっかけに集落全世帯が分散離村し、元の集落の居住者は皆無となったけれども、一部の農業者が元の集落の農地へ通勤農業を行い、体験農園を開設し都市住民との交流を図り、集落の神社のお祭りは元住民が集まり継続している事例もある。

　こうしたことを考え合わせると、従来、農業振興と農村振興は一体的なものとして考えられてきたが、今後は、必ずしも一致しない可能性が生じ始めていることに留意する必要がある。青森県農山漁村地域経営事業は、農業経営体に対し地域社会への関与を求めている点で、農業振興と農村振興の乖離へ対応しようとしている事業ととらえることができる。

　2点目はこれまでも多くの指摘があるように、都市との関わりの重要性である。

　農村居住者の確保に重要なのは、まずそこで生計が立てられることである。この観点からは、適地適作を旨とする農林漁業こそ、その地に根差した産業である。同様に、交流・観光業は農林漁業以上にその土地でなければ成立しない産業であるので、農林漁業を基礎にした交流・観光産業の育成も農村の存続には大変重要である。地産地消という言葉が一般に定着しているが、地産「来」消が重要であることを意識しておく必要がある。また、農村にはバイオマス、水力、太陽光、風力など多様な再生可能エネルギーが存在している。ただし、これらが小規模で分散していることから、現在の日本のエネルギー供給体制の下では経済性に難点がある。とはいえ、かつて農山村が薪炭や水車といったエネルギー供

給地であったことを意識し、今後の社会において農村における再生可能エネルギー供給産業の育成を目指すことも望まれる。また、医療、商業施設などの拠点が市街地に存在することを考えると、農村に居住する交通弱者へ支援産業なども農村で生計を得る手立ての1つになるであろう。

　一方で農村での雇用の創出にはやはり限界が存在するので、生計を最寄りの都市に依存しつつ農村居住を選択する住民を確保することも、同時に重要である。この点では、居住環境と人的関係が重要である。このために農村の価値を都市住民に伝達することが必要であり、この点で、農村での交流・観光産業育成は重要である。都市へ出た農村出身者とその子孫への情報発信と同時に、縁もゆかりもない都市住民とのご縁づくりに励む必要がある。

　さらに、限りある地球の資源問題を考えるとき、元来自然を活用した自給自足体系を成立させていた農村にこそ、自然と共生する未来社会構築の先進地となりうる、という考え方も出始めている。もちろん人間の命の源である食料を生産しているのが農村である。そして健全な農村の存在は、国土の保全、水源の涵養、自然環境の保全、良好な景観の形成等の多面的機能の発揮にもつながっている。こうした農村の価値を都市住民を中心に広く一般市民へ啓発していくことが重要である。

　農業振興と農村振興の乖離に留意しつつ、農村に根差した産業育成を図り、農村に対する都市への働き掛けを実施していく。こうしたことを住民主体の地域づくり通じて実行していることが、持続的農村振興に求められているものと考えている。

※本稿の（1）は藤﨑浩幸（2016）「新郷村川代地区」『地域社会研究』9:37-42の再掲（一部修正）である。

文　献

藤本信義（1984）「手作りのまち・いいでの10年」青木志郎編著『農村計画論』
　　　449-475、農山漁村文化協会。
藤沢直樹（2012）「「椿講」コミュニティ・ワークショップの試み」『農村計画学会誌』
　　　31(2)：156-157。
木下　勇（2007）『ワークショップ』学芸出版社。
竹ヶ原公（2015）「中山間集落における集落再生のための中間支援組織必要性の考
　　　察」『地域社会研究』8：15-18。

4．経営学の中小企業論からの挑戦

佐々木 純一郎

（1）農業法人の中小企業的性格とは何か

　一般に経営学とは、主に企業の運営に関する実践的事項を体系的に理解することである。その企業とは、一定の目的のために、製品・サービスを継続的に生産・供給する協働システムである。企業はゴーイング・コンサーン（継続企業）として、半永久的な事業活動の継続が求められている。企業の存続のために、利潤が必要となる。同時に企業は、利害関係者（例、消費者、競争相手、株主、労働組合、取引先、金融機関、行政機関、地域住民等）という、外部環境の変化に適応する協働システムでもある。例えば、環境問題への対応は、コスト負担が増えるため利潤追求を制約するが、それは企業の社会的責任（CSR）として理解されている。このように利潤は企業の存続・成長をカバーできなければならないが、利潤追求だけでは企業の社会的役割が果たせないのである。

　ところで、企業の経営目的には、経営理念と経営目標の2つが含まれる。一方の経営目標とは、上述した企業存続のために必要な利潤追求等の経済的目標と、企業の社会的責任等の非経済的目標である。他方の経営理念には、経営者の価値観や哲学などが含まれる。古くは江戸時代の近江商人の家訓「三方よし」（売り手良し。買い手良し。世間良し）があり、「信頼」や「社会貢献」が重視される。現代では社訓や社是に表現されることも多い。

　従来、経営学は大企業を研究対象とすることが多かった。近年、ソーシャル・エンタープライズ（社会的企業）にも研究領域が拡大し多様化している。同時に地方創生の流れの中で、地域に密着する中小企業を対象とする研究も増えてきた。中小企業の場合、大企業に比べ小規模であるがゆえに、上述した経営者個人の考えに基づく経営理念が、企業行動

に反映されやすいという特徴がある。

　本章では、農業を主な産業とする地域にとって重要な農業生産法人（以下、農業法人と略称）を取り扱う。人口減少が進む中、農業の担い手育成が課題である。そこで農林水産省は、次のように農業経営の法人化推進を掲げている。

　「法人経営には、経営管理の高度化や安定的な雇用の確保、円滑な経営継承、雇用による就農機会の拡大等の面で、効率的かつ安定的な農業経営に向けてメリットが多いことから、農業経営の法人化を推進する」（農林水産省（2015:40））。

　後述するように、家族単位の農業経営においても「1戸1法人」（企業的性格の家族経営など）という農業法人化が進められている。自給自足的な小規模農業を除けば、今後の日本農業は農業法人によって支えられると予想される。それゆえ本章では農業法人と農業経営者を中心として説明することにしたい。

　青森県の農業就業人口は、基幹的農業従事者の人数で2010年の69,000人から、2015年の58,000人へと減少を続けている。他方、青森県の農業法人は、2010年の209法人から、2015年の290法人に増加し、2016年には316法人となった。316法人の内訳は、株式会社106法人、有限会社101法人、農事組合法人90法人、そして合同会社19法人である（青森県農林水産部（2017））。

　このように青森県の農業において、農業法人の存在が大きくなっている。その農業法人の増加に対応して、農業にも企業経営者が求められており、経営規模の面から中小企業経営者として論じていきたい。特に厳しい国際競争への対応策として、ブランド等のマーケティング戦略を採用する際に、独自の経営判断ができる人材として経営者が必要である。そもそも青森県における地域ブランド論の背景要因は、中国産野菜の輸入急増にともなう価格競争を避ける点にあった（佐々木（2004））。

　日本の農業経営の議論では、家族経営と企業経営をめぐる議論が積み

重ねられてきた。近年、家族経営が大規模化し、法人となる「1戸1法人」という形態が増加している。経営学の中小企業経営の知見を活用できると考えられる。例えば農業経営学の分野でも次の説明がある。

> 従来の家族経営とは異なる経営目標、経営行動を示す経営が形成され、規模の拡大、生産から販売までの独自の展開、経営の多角化を進め、かつそれが一定の層を形成するようになる。こうした経営は、それまでの「伝統的家族経営」から区別される形で「企業的家族経営」とか「企業的性格」の家族経営、「資本型」の家族経営、「雇用型」家族経営、などと呼ばれるようになった。さらにその一部は家族労働力をかなり超える規模の雇用労働力を擁し、他産業における中小企業と同様の経営を展開し、さらなる発展を追求する経営が現れるようになった（盛田（2014:151））。

また「企業的性格の家族経営では、経営理念や目的、経営ビジョンが明確であり、経営成長のための農業利潤の達成を目標にしている」といわれる（大泉他（2016:45））。

たしかに経営目標である利潤の達成は、企業存続のために必要である。ただし、表1のように企業の経営理念は、経営目標とは区別される。例えば企業的性格の家族経営では「人と自然を大切にした農業」という経営理念や、「農業を中心とした地域の活性化」という経営ビジョンが考えられる（大泉他（2016:45））。

表1　企業の経営目標と経営理念

経営目標	企業存続に必要な利潤。ただし CSR（企業の社会的責任）の実行など非経済的目標が含まれることもある
経営理念	経営者の信念や信条。CSR や地域活性化等を支える考え方

このように経営理念に基づいて企業の社会的責任（CSR）に取り組むことが可能になるといえる。一般に経営理念とは、経営者個人の「信条や哲学」であるといわれる。それゆえ各々の経営者の経営理念には多様性が認められ、結果的にCSRにも相応の多様性が認められる。後述するように、各企業のCSRは広範な内容を含んでいることにあらかじめ留意する必要があろう。以上のように、農業経営を商工業等の中小企業経営の論点を援用して議論できる可能性が高い。以下、中小企業として農業法人を捉えた場合の企業的性格を、農業経営者の動向を中心に明らかにしたい。この章は次の構成からなる。（1）ではこの章の目的を説明する。（2）では先行研究の論点および北海道十勝地方の先行事例を整理し、経営学の中小企業の視点から考える理由を明らかにする。（3）では青森県上北地域の農業法人経営者へのインタビュー調査を紹介し、（2）で得られた論点に照らし比較する。そして（4）では本章の政策提言を検討する。

（2）北海道十勝における畑作経営

1）北海道十勝の畑作と農業経営者

　（1）で述べたように、中小企業として農業法人を議論することが可能である。そこで（2）では、先行事例として、北海道十勝の農業経営者を紹介する。十勝では「一般社団法人北海道中小企業家同友会とかち支部農業経営部会」（以下、とかち支部、および農業経営部会と略称）がある。そこでは農業法人の経営者が、商工業経営者等と日常的な交流を重ね、農商工連携を展開している。

　仙北谷（2016）（図1）は、十勝の畑作と農業経営に関連して、次の3点を指摘している。すなわち①十勝の畑作は規模拡大、効率化、省力化により再編を続けている。②販売面の高度化に取り組む農業者が多数存在し中小企業家同友会に「農業経営部会」が形成されている。③効率化・大規模化した結果、新規参入が困難になり、従業員として農業に従

事する人たちが増えてきた。しかしその人たちの社会保障等雇用制度の整備が追いついていない（仙北谷（2016:95-96））。

なお農業法人は、個人経営から発展した株式会社等の形態と、集落営農を経て農事組合法人となる2つに大別でき

図1　三沢市で講演する仙北谷氏

る。いずれも規模拡大をともなうことから、土地持ち非農家が生じる（離農）。とりわけ農業が主たる産業である地域の場合、農業での被雇用労働者の雇用条件は重要である。次に十勝の畑作経営の3つの論点のうち、②販売面の高度化について説明を加えたい。

2）北海道中小企業家同友会とかち支部農業経営部会

北海道中小企業家同友会とかち支部事務局へのインタビューから、次の3つの特徴を紹介したい（2016年11月1日聞き取り、図4）。

①農業経営部会と農業後継者

北海道中小企業家同友会には全国最多5,800人が加入する。そのうち会員数約880人のとかち支部では農業経営部会が活発であり、支部会員の約18％が農業に従事する。全道的には青年部が活発であり、主に中小企業経営者や後継者が会員だが、アンテナが高い。とかち支部では農業経営部会が活発であり支部のスター的存在であり、他支部とはやや傾向が異なる。2014年、農業経営部会の25周年記念誌を発行した（図2）。農業経営部会幹事会は30名で構成され平均年齢は40歳前後、部会長もその世代が担っている。このように十勝には農業の後継者がいる。ただし先進的農家が生産規模を拡大する一方、離農する人もいる。

図2　農業経営部会の25周年記念誌

②十勝農商工連携部会と海外展開

　販路開拓へのシフトは、2013年、当時の農業経営部会長の新村浩隆氏が牽引したのが契機である。部会員は185名だが、JA系統出荷もあり、多様性が認められる。毎月例会を開いている。農業経営部会は学ぶだけでなく実践している。帯広市や北海道十勝総合振興局と組んだ商談会、そしてシンガポールへの出展なども実施している。この他、数年前にできた、十勝農商工連携部会は、よりいっそう実践的である。うどん、ワイン、地サイダーの研究会や商品開発を行っている。また海外展開、国際交流ビジネス委員会もある。これらは時代の流れの一歩先を行く活動だといえる。

③農業の法人化とCSR

　1戸1法人形態は、経営者の世代交代もできる。酪農のメガファーム

が先行しているが、税金対策等、農業全分野で法人が有利である。CSR は同友会で取組むというよりも、会員各々が実施している。麦の収穫祭など、十勝の地域社会の土台が農業生産である。だが、少子化が進む中、小学校の統廃合が地域の課題である。なお中小企業家同友会には求人部会があり、人材育成として学校教育に関わっている。とかち支部では2017年春、帯広大谷短期大学と連携協定を締結した。

　以上をまとめると、とかち支部では20数年の歴史を有する農業経営部会が活発であり「スター的存在」となっている。部会の販路開拓へのシフトは2013年と比較的新しいが、商談会や海外への出展など意欲的に取り組んでいる。また数年前に設けられた十勝農商工連携部会は、よりいっそう実践的であり、農商工連携のあり方に興味深い示唆を与えている。十勝では農業経営者が中小企業経営者の組織である中小企業家同友会に農業経営部会を形成しているが、中小企業経営者としての意識を持つゆえに、他の商工業経営者と新たに十勝農商工連携部会を形成できたのではなかろうか。各地で農商工連携が議論される中、農業経営者の企業家的性格が、農商工連携の重要な論点になると予想される。最後に、CSRは各々の企業の個性に任されている印象を受ける。

3）Ｕターンによる農業の株式会社化の事例

　経営部会の一員である株式会社K's FARM代表取締役・梶宗徳氏はボックス１のように述べている（帯広市川西町、2016年11月１日聞き取り）。

> **ボックス１　Ｕターンと株式会社化の成功要因――株式会社K's FARM**
> 　1999年、同友会に入会した。当時は帯広市内の電器屋さんのサラリーマンだった。大型店との価格競争ではなく、顧客とつながる信頼関係で、売り上げを伸ばす企業だった。そこで顧客との関係を重視することを学ぶ。その後、父親が経営していた梶農場に戻り、34歳の時に株式会社化

し、経営を委譲された。2016年、43歳である。農協青年部は35歳までだが、実質60歳定年でよいのではないか。

　現在の耕地面積は10ha拡大し35haである。十勝は平均40haであり、隣の農場も120haである。ただし十勝では平均反収10万円のところ、当社は付加価値によりその2倍である。

　「自分でつくったモノを売らない」のは不思議である。物産展や直売所から加工品まで手がけてきた。農水省の6次産業化補助により、農家カフェ（以下、カフェと略称、図3）建設資金の3,300万円の内、半額を15年間返済の低利融資で賄えた。畑作4品目（麦類、豆類、馬鈴しょ、てん菜）はJAに系統出荷している分もあるが、価格決定権が重要である。特に顧客とダイレクトにつながることが大切であり、現在、顧客リストをデータベース化している。6次産業化の中でカフェは経費もかかるが、次のアクションへのステップであると考えている。カフェの経験を活かせば、加工品や販路開拓など、農業以外にも幅ができる。

　2016年11月から星空カフェを始めるなど、できることは何でもやってみようと思っている。豆腐作りの体験メニューなど、カフェをやったから次のアクションができる。カフェの窓から見える景色もすばらしく癒される。このようなファンシーで柔らかい感じの空間を提供できるのは、当社の強みである。

　カフェでは6名のパートを雇用しているが、農場は自分と両親の3名で作業しており、50haまで規模拡大が可能である。以前勤めていたパートの女性が5haのガールズ・ファームを立ち上げ、新規就農している。

　同友会には大先輩が多く、いろいろと学べる勉強会のほか、飲みに行って相談できる（従業員や新規出店など）。そこで「本当にやりたいのか自分に問いかけること」を整理し、原点に立ち戻ることを教えてもらった。農業以外の会員や十勝管外の農家との交流もできた。若い世代同士の交流が増えるとともに、顧客の声で気づくことも多い。

　6、7年前に若手農家の会「親父の背中を越える会」を結成した。飲食店も巻き込んで農業をアピールし、農業者の情報発信により地域おこしを実践した。例えば飲食店に原麦を持ち込むマルムギプロジェクトなどを行い、今は消費者との交流を重視している。メンバーは、今は農協青年部の中心的メンバーとして活躍している。地域密着の地元の川西農協（JA帯広かわにし）とは仲がよい。北海道の普及員さんたちと飲む機会

も多い。

　2015年1月初めて台湾を訪問し、若手農業者と交流し、3回訪問するなど、計7回交流している。行政では時間がかかる。台湾の豆乳文化の話も興味深い。人的つながり、仲間ができると次につながる。

　先祖は石川県加賀市から入植し、自分で6代目になる。近くには「加賀部落」と呼ばれている場所もある。CSRとして帯広畜産大の講義にも協力している。

　実家に戻るまで農業をよく知らなかった。「太陽とともに生きる」という妻の影響で実家に戻り、分かったことが多い。農場の継承に数年かかったが、法人化により、法人と個人とで別会計に分けることができた。また将来的な夢をもてる。

　子どもは小学校6年生なので、将来、農業に帰るかどうかわからない。法人は経営委譲が容易であり、早く引退したい気持ちもある。仕事が忙しいので、家族だけで過ごせるのは土日しかない。

図3　農家カフェの癒しの空間

　ボックス1をまとめると、梶氏の場合、Uターンの経験が特徴的である。民間企業での経験と中小企業家同友会での活動は、現在の農業経営者としての行動にも大きく影響していると思われる。一般に、同友会やロータリークラブなどの勉強会では、「仲間づくり」として地域や業種

の枠を超えた経営者同士の交流が活発である。同友会とかち支部でも同様の交流が重ねられている。またこのような交流を土台として、異業種連携に取り組んでいる事を確認したい。一般に農商工連携などの「異業種連携」を、表面的・形式的に捉えると失敗を招きやすいと考えられる。異業種連携の内容としては、一方では「仲間づくり」という人間的信頼関係の構築を土台とし、他方では「ビジネスとしての連携」を考えるという2つの側面がある。梶氏の場合も、仲間づくりの人間関係を土台とし、ビジネスとしての価格決定権と顧客を重視し、台湾との交流、そしてカフェへの事業多角化などを進めている。さらに農業者の情報発信による地域おこしの実践の他、CSRとして、帯広畜産大学の講義にも協力するなど、企業的性格を明確に自覚した企業家の行動も確認できる。あわせて経営委譲が容易であるという法人化の利点も確認できる。

4）小括

　（2）では、北海道十勝の畑作について概観した。先行研究によれば十勝の畑作の再編は現在も継続中であり、大規模化とともに被雇用労働者の社会保障等の労働条件に留意する必要がある。また大規模化と並行して、北海道中小企業家同友会とかち支部農業経営部会に参加する農業経営者が増加し、商談会や海外への出展など意欲的に取り組んでいる。「農商工連携」のためには、商工業経営者とともに農業経営者も自立した経営が求められる。十勝では、企業的性格を自覚した農業経営者が着実に増加していると考えられる（なお青森県中小企業家同友会事務局によれば、農業経営者が数名在籍するが、農業経営部会の設立には至っていない。ただし今後、農業経営者の会員拡大を予想している（2017年2月23日聞き取り））。

（3）青森県上北地域の農業経営者

1）上北地域の農業経営の概要

　泉谷（2003）は、青森県農業の発展を次のように地域別に分類している。青森県の土地利用は、稲中心の西北、稲と果樹の中南、農業と漁業の東青・下北、そして稲・園芸（畑作等）・畜産の複合化の進む三八と上北に分けられる。1994〜2000年、青森県の粗生産額が3,600億円から2,700億円へと、3/4に減少した（米が50%の減少率、実額で半分になる。野菜・果樹・畜産も10〜15%程度の減少）。粗生産額の減少率を所得の減少率が上回る。中南と上北で各々200億円減少した。青森県全域で米の割合が大きく低下し、稲単作と稲・果樹地域では野菜や果樹の割合が高まり、米の割合が50%を切った。この結果、稲・園芸・畜産複合地域である上北では野菜と畜産の割合が計70%を超えた。米の粗生産額の大幅な低下により、全県的に野菜と畜産の割合が高まり、複合化の進展が外観的には進んだ。他方、品目別では、青森県では、農家以外の農業事業体は畜産主体だが、稲や野菜でも大規模経営化が進んだ（泉谷（2003:90-91））。

　以上のように1994〜2000年の時期に、米の粗生産額の大幅な低下を背景として、全県的に野菜と畜産の割合が高まり複合化が進展した。特に上北ではその合計が計70%となった。

　2016年度、地域別耕地面積の割合は、青森県6地域の内、上北が29.5%を占め最大である（青森県全体152,374ha、上北44,917ha）。また農業産出額では、上北が34.7%を占め最大である（青森県全体2,873億円、上北997億円）。このように農業産出額のシェアは耕地面積の割合に比べ5ポイント高く、高付加価値化が進んでいる。その内訳は、畜産51.5%（513億円）、野菜38.8%（387億円）、米7.2%（72億円）、その他耕種作物2.5%（25億円）である（青森県上北県民局地域農林水産部（2017））。実に畜産が過半を占め、野菜とあわせ90%を超えており、上北農業は畜産と野菜を2本柱にしているといっても過言ではな

い。次に上北の畑作を中心に、比較のため畜産とあわせ、経営者の事例を紹介したい。

2）上北地域の農業法人化をリードした3人の挑戦者達（図4）

　ここでは畑作および畜産の農業経営者へのインタビューを紹介したい。一連のインタビューは、構造化された質問項目ではなく探索的な性格のため、結果には多様性がみられる。統一した結論を導きだすよりも、各々の経営者の経験から、経営にとって重要だと考えられるキーワードを得ることを目指した。最初に、青森県の農業法人化のさきがけとして著名な柏崎青果代表取締役の柏崎進一氏のインタビューを、ボックス2

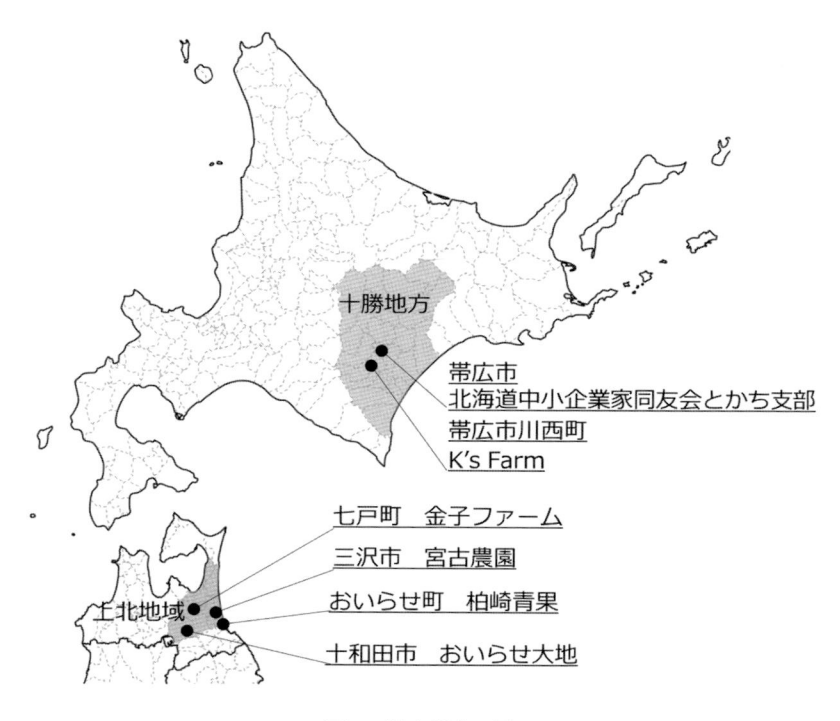

図4　調査対象一覧

に紹介したい。

> **ボックス2　高校時代からの意思と付加価値化──有限会社柏崎青果（図5）**
>
> 柏崎青果代表取締役　柏崎進一氏（おいらせ町、2017年2月13日聞き取り）
>
> 　1969年、三本木農業高校卒業後、栃木の野菜ハウス研修で感動し、野菜生産に取り組み、個人経営で面積を拡大した。売上1億円超えを契機に1991年法人化し、1993年から野菜加工も手掛け、施設を拡充する等急成長した。1995年からナガイモを輸出している。1998年を過ぎた頃から10億円台で足踏みしたが、10億円突破のきっかけは黒にんにくであった。現在黒にんにくの国内外でのブランド化に取組んでいる。自己満足に終わらせず、常に情報発信が大事である。おいらせ町では野菜農家の後継者が育ち、30ha規模も多い。規模拡大の次は、加工による付加価値化が大切である。このようになれば子どもたちも故郷に帰ってくる。地方創生と言われる今日、地域に働く場、"稼ぐ"力をもたらすため、これからも「どうなるか」ではなく「どうするか」を経営方針に努力したい。

図5　柏崎青果本社

　以上のように柏崎氏は農業生産から、野菜加工、ブランド化を進め、黒にんにくの協議会を設立し、国際展開を進めている。青森県内では著名であり、柏崎氏の経営が地域の農業経営に与える影響も大きい。柏崎

氏の場合、高校卒業後の早い段階に、野菜生産にとりくんでいる。もともと、ヤマセの影響があり、米があまりとれない土地柄もあった。法人化当時、農業経営での社長は珍しかったという。また地域での雇用創出という、地域貢献を念頭におき、積極的に経営を進めているのも特徴的である。

ボックス3　高校時代からの独立志向とCSR──株式会社宮古農園（図6）

宮古農園代表取締役　宮古久光氏（三沢市、2017年8月23日聞き取り。青森県農業経営研究協会（2016）も参考にした）

　1968年、三本木農業高校卒業と同時に就農した（前出柏崎氏の1期先輩）。高校時代から農業経営の自立化を考えていた。当初は親の経営部門（水稲、馬鈴薯、なたね等）に就農した。後に酪農経営を開始し地域でも大きな酪農家となるが、1976年、不慮の事故により酪農経営を断念し、畑作経営に転換する。当初、畑地3.5ha、水田2.4ha、計5.9haで主に馬鈴薯、トンネルにんじん、山ごぼうを栽培した。同時に各種資金を活用して農地購入を続け、2015年時点で転作田4.5ha、普通畑15.72ha、計20.22haまで経営規模を拡大している。転作田では排水不良のため野菜栽培ができない課題がある。労働力は、社長夫妻、常時雇用2人（長女と次女の夫）、パート2人、中国人技能実習生3人の計9人である。経営の特徴は次の5点である。①高収益野菜経営（にんにく、ごぼう、ながいも）、②県平均を上回る高収量、③土づくり、輪作体系、優良種子の自家生産、④中古機械の活用による経費節減、そして⑤法人化（2009年）と外国人技能実習制度の活用である。自社のみではなく地域農業への貢献と農業経営者の育成にも尽力している。前者ではJA部会長として根菜の輪作体系の導入を通じ、三沢市を日本一のごぼう産地に成長させた他、JA青年部長、理事を歴任し農協の発展に寄与している。

　後者では三沢地区農村青少年クラブ連絡協議会長をはじめ、後継者の指導的役割を担ってきた。今後の課題は3点である。①後継者の確保と育成（次女の夫が他業種から就農）、②畑地の統合と規模拡大（30カ所に分散。15haを30haに拡大。外国人技能実習生の増員）、そして③6次産業化（カットながいもや黒にんにくの製造・販売など）である。

図6　宮古農園での農機研修会

　以上のように宮古氏は高校時代から独立を考えていた。その経営の特徴は、①高収益野菜経営（にんにく、ごぼう、ながいも）、②県平均を上回る高収量、③土づくり、輪作体系、優良種子の自家生産、④中古機械の活用による経費節減、そして⑤法人化（2009年）と外国人技能実習制度の活用である。他方、地域農業への貢献と農業経営者の育成にも尽力し、企業の社会貢献を自ら実践している。

ボックス4　19歳で自立し、経営理念を重視した循環型畜産そして規模拡大――有限会社金子ファーム

金子ファーム代表取締役　金子春雄氏（七戸町、2017年2月8日聞き取り）

　1971年、19歳の時に六ヶ所村で牛10頭からスタートしたが（現在1万1千頭）、1975年、むつ小川原開発により移転した。子牛の価格やエサとなる穀物価格は市場相場により変動する。それは社会の変化であり、頑張れば何とかなると考え、ものすごく勉強した。例えば循環型畜産では、農薬の過剰な使用を反省し、消費者の納得が基本である。ホルスタ

インのオスの子牛を肥育している。他人と違う独自性が大事である。東京や北海道に役員や社員を派遣し、毎日のようにデータ収集している。人件費はかかるが集めたデータに基づき肥育し、優秀な牛肉が表彰された。偶然ではない。過去の失敗経験もあり、大手の下請けになりたくない。大手との取引でも、お互いが納得できる信頼関係構築が重要である。「価格よりも思いを理解してもらいたい」姿勢でいる。長続きのためには目先だけではいけない。自分だけ儲けるのではない。これからの経営者には、挫折を味わうなどいろいろな経験を活かして欲しい。信念が大事であり、他人と同じ方向は楽だが、自分で考えることが大事である。

以上のように、金子氏は畜産を主とする経営であるが、循環型畜産をはじめ熱心に勉強する姿勢が特徴的である。また前出の宮古氏と同様、下請けではない自立経営を追求している。さらに、農業法人経営における、信念（経営理念）を重視し、自分で考えることが大事であると説いている。

3）上北地域におけるUターンと株式会社化のリーダー

次に上述した挑戦者達に続く世代のリーダーとして、株式会社おいらせ大地代表取締役・舛舘和博氏のインタビューを紹介したい（十和田市、2017年2月20日聞き取り）。

ボックス5　異業種の仲間づくりから学び、人材育成──株式会社おいらせ大地

親の時代は小規模だったが、現在ナガイモ8ha、ネギ3.5ha、ごぼう4ha、にんにく1.5haの規模に拡大した。農産物の8割は市場出荷し、加工品は県内大手スーパーの他、東京に出荷している。北海道のホテルに葉もの野菜を出荷する時期もある。高校卒業後、一部上場企業に就職後、8年間個人経営で農業に携わり、30代半ばに法人化して8年になる。反収では、コメの5～8倍の利益率である。

農業を始めた頃はJA青年部の部長を経験するなど、仲間づくりに励ん

できた。法人化後はロータリークラブで異業種の経営者から、経営感覚などを学んでいる。会社勤め時代は農業をしようとは思わなかった。

　現在、会社員時代の３倍の収入がある。儲からなければ誰もやらないのではないか。今、野菜加工では、すぐに調理に使える「便利素材」に取り組んでいる。以前、ドレッシングに取り組んだが、競争が厳しかった。人を雇用できる程度の売上が必要である。当初、給食センターに納入した時期もあったが、夏・冬・春休みの閑散期が生じた。今は商談会に参加する等、市場や顧客の反応を見ながら経営している。

　企業経営で大切なのは、人材育成であり、スタッフの研修には気を配っている。若い人には「頑張ればもっとお金になる」という具体的なイメージを伝えるべきである。地域資源を活用した商売のためにも「農業は儲かる」という学校教育での人材育成が重要ではないか。過去のデータに基づき、低めの見積もりを重ねながら、事業計画をたてている。従業員が多いと、例えば天候悪化に備えた対策等もすぐできる。天気に勝つ気持ちも大事であろう。

　以上のように舛舘氏は、民間企業での勤務を経てUターンし、前出の十勝の梶氏と似た経験を持つ。また梶氏の中小企業家同友会と同様、ロータリークラブの異業種経営者から学んでいる（仲間づくり）。それを土台として、野菜加工販売に取り組み、市場や顧客動向を重視している。なお企業経営で大切なのは人材育成であるとし、スタッフの研修に配慮している。若い人には「頑張ればもっとお金になる」という具体的なイメージを伝えるべきであり、地域資源を活用した商売のためにも「農業は儲かる」という学校教育での人材育成が重要だという。

4）小括
　（3）では、1）で青森県上北地域の概要を説明した後、2）で農業経営者の事例を紹介し説明した。はじめに青森県の農業法人化をリードした挑戦者達３人について説明した（インタビュー時点で３人とも65歳以上）。３人とも高校卒業と同時に、農業経営の自立化に向けた努力を始

表2　農業法人の経営者を特徴づけるキーワード

自立経営	行政への過度の依存を自戒し、自分の頭で考え、勉強して実行する
経営理念と社会貢献	企業市民として客観的に考え、自社だけでなく地域社会の発展を希求する
経営者の仲間づくり	地域や業種の枠を超えて学習・交流することにより、農商工連携を支える
マーケティング	顧客重視やブランド化など、高付加価値化により国際競争力を展望する

めている。畑作と畜産という業態の違いはあるものの、一代で急速に規模を拡大できた要因は、経営理念に基づく経営にあり、単なる哲学や信条に留まらず、経営方針まで具体化し実践してきたところにあるのではなかろうか。そして3）では、青森県へのUターンと株式会社化の挑戦者として、比較的若手（インタビュー時点で2人とも40代前半）の経営者について説明した。（2）で述べた北海道十勝地方の農業経営者と共通する論点として、異業種の経営者から学ぶ「仲間づくり」が導きだされた。仲間づくりを土台に、経済的活動としての野菜加工販売（高付加価値化）そして市場と顧客動向を重視（マーケティング）しているといえる。以上の特徴的なキーワードをまとめると「自立経営」、「経営理念と社会貢献」、「経営者の仲間づくり」そして「顧客重視やブランド化などのマーケティング」等を指摘できる（表2）。

（4）おわりに

　この章では、農業経営者を中小企業経営者と類比させて、青森県上北地域の農業経営者を説明してきた。

　（1）では農林水産省が農業法人化を推進していることを踏まえ、青森県農業において農業生産法人が増加していることを確認した。そこで経営学の中小企業論の視点を用いて、農業法人の農業経営者を説明できると考えた。企業的性格の経営の場合、経営理念に基づいた社会貢献や

CSRの取り組みが明確になるという利点がある。

　（2）では先行事例として、規模拡大が続く北海道十勝の畑作経営を概観した。北海道中小企業家同友会とかち支部に、農業経営部会ができるほど農業経営者が増えている。企業的性格を自覚した農業経営者が増加し、商工業を含む経営者同士の「仲間づくり」の場として中小企業家同友会が機能している。

　（3）では青森県上北地域の農業経営者を畑作と畜産中心に紹介し、十勝の先行事例の論点と比較した。十勝とは対照的に上北は農地の分散という制約がある。それにもかかわらず十勝同様の経営規模拡大が進む。実際、上北の一部畑作農家は、十勝と比肩できる規模に近い（十勝平均40ha、上北30ha以上）。農業経営の先行きが見通せると、後継者がUターンする。調査から明らかとなった十勝と上北に共通する農業経営者の特徴は、「自立経営」、「経営理念と社会貢献」、「経営者の仲間づくり」、「顧客重視やブランド化などのマーケティング」などにまとめることができる。

　特に中長期的な青森県農業の持続可能性のためには、ブランド化（マーケティング）による高付加価値化や直接販売が求められる。例えば、加工・販売・ブランド化（柏崎青果）、加工品の継続的開発（おいらせ大地）、優秀な牛肉生産・乳製品販売（金子ファーム）、そして6次産業化を目指す農業法人（宮古農園）がある。また十勝では農家カフェ等の経営多角化（K's FARM）も指摘できる。

　さらに農商工連携において重要なのが、農業と商工業の経営者同士の連携である。前述のように、十勝と同様に上北地域でも、企業的経営を実践する農業経営者が着実に増加している。その農業経営者を支える土台として、地域内外の商工業経営者との交流等「仲間づくり」（人間としての信頼関係の構築）の役割が大きい。表面的・形式的な「異業種連携」では、失敗することは必然であり、原点となる信頼関係の構築が重要である。農業経営者が経営理念を明確化し、雇用創出等の地域貢献を

実践することは地域づくりにとって有効である。

最後に、本章全体の「ポスト地方創生」に向けての知見は次のようになる。

第1に、中小企業家同友会は、人材育成として学校教育に関わっている。例えば十勝の梶氏は、CSRとして帯広畜産大学の講義に協力している。このように経営者団体や経営者個人が、意識的に大学など外部の知的資源と共同しており、広義の知識生産の基盤形成に積極的に関与している。

第2に、農業経営者は、中小企業家同友会やロータリークラブ等での活動（仲間づくりと信頼関係の構築）を土台として、地域や業種の枠を超えた交流（異業種交流）を展開している。また、Uターンして起業する事例（K's FARMやおいらせ大地）もみられる。このように農商工連携を含め、農業地域と都市を一体的に捉える企業家が形成されている。

第3に、農業経営が軌道に乗り安定するまでには長い年月が必要である。次世代の後継者達が農業に目を向けるために、経営者達が強調するのは経済的利益の役割である（頑張ればもっとお金になる）。経済的利益があって初めて、地域貢献を行う余裕も出てくる。加えて短期間での効果を求めるのではなく、学校教育をはじめとする長期的な人材育成を視野に入れた取り組みが求められよう。

他方、農業から商工業への経営領域の拡大は、行政のいわゆる縦割り施策の横断を求めている。行政サイドも農商工担当部署の横断的体制が必要であろう。それには地域外の自治体との連携も含まれる。

これから解明すべき残された研究課題は、2つに大別できる。第1に、この章では畑作・畜産と株式会社を中心に説明してきた。稲作や農事組合法人の検討が必要である。また中山間地域等の条件不利地域では、建設業の農業参入も視野に入れた広範な議論が求められる（米田（2007）など）。第2に、従来型の家族経営がすべて中小企業経営に移行するのかどうかも検討しなければならない。農業経営の企業化が進展すると、

経営者と従業員の雇用が創出されるが、すべての家族経営を包摂できるとは限らない。また企業としての農業法人に雇用されながら、自給的な小規模農業を営むなど多様な形態が予想される。これらについてはあらためて論じたい。

文　献

青森県農業経営研究協会（2016）「青森県農業経営研究協会賞受賞者業績第34回」http://www.applenet.jp/home/03040082/gyoseki/34.pdf（2017年9月4日閲覧）。

青森県農林水産部（2017）「図説　農林水産業の動向」http://www.pref.aomori.lg.jp/soshiki/nourin/nosui/files/01_zuall.pdf（2017年9月4日閲覧）。

青森県上北地域県民局地域農林水産部（2017）「上北の農林水産業」http://www.applenet.jp/~kamikita-nousui/kamikitano/H29kamikita_nourinsuisangyo.pdf（2017年9月4日閲覧）。

泉谷眞実（2003）『青森農業の地域性と変動』北方新社。

大泉一貫・津谷好人・木下幸雄ほか（2016）『農業経営概論』実教出版。

佐々木純一郎（2004）「地域ブランドと国際競争力」『弘前大学大学院地域社会研究科年報』1：21-35。

仙北谷康（2016）「大規模畑作地帯のゆらぎと新たな取り組みの担い手」『フードシステム研究』23（2）：87-97。

農林水産省（2015）『食料・農業・農村基本計画』http://www.maff.go.jp/j/keikaku/k_aratana/pdf/1_27keikaku.pdf（2018年4月8日閲覧）。

盛田清秀（2014）「農業経営学における企業形態論の展開」日本農業経営学会編『農業経営の規模と企業形態』農業統計出版

米田雅子（2007）『建設業　残された選択肢』同友館

5. 地域計画学の挑戦

土井　良浩

　全国の「地域」は、人口減少・高齢化・コミュニティの希薄化等の社会環境の変化の中にあり、地域活動の維持・継続に大きな課題を有している。活動の担い手である、従来の町会・自治会の多くは加入率の低下や役員高齢化に悩まされている。行政が地域の課題解決を公共サービスとして行い続けることも財源面から限界があるため、地域組織や住民の自己解決能力を高める取組みが求められている。「地方創生」は、国策としてトップダウン的にスタートしたものだが、これが実を得るには、個々の地域やその住民が現状を我が事として受け止め、ボトムアップ式に自らアクションを創出する流れを活発化すべきである。 つまり、"地方"の創生は、"地域"の創生を土台になされるべきである。このような考えが本章で描いたことの根底にある点を申し述べておきたい。

　本章では、「地域計画学」を専門分野とする筆者が同僚の研究者たちと実施した、「まちづくりプロジェクト」について、そのベースとなった考え方から実施した具体的な取組みまでを整理し、振り返ってみたい。まず最初に、「地域計画学」、特に「住民主体のまちづくり」にかかわる考え方や方法について簡単に紹介する。つづいて、青森県の「集落経営」事業を通じて筆者らが平内町藤沢地区で取り組んできた「まちづくりプロジェクト」の経過や成果を整理した上で、「住民主体のまちづくり」の方法論に照らしてこれを振り返ってみる。そして最後に、このような地域まちづくりのプロジェクトに大学が関わる意義について考えてみたい。

（1）「住民主体のまちづくり」の方法論

1）地域計画学について

　「地域計画学」は、その名の通り地域を計画する方法を研究する学問である。「地域」は広・狭様々だが、通常は「都市・地域計画」のように使われ、都市の一部分や農山漁村を意味することが多い。研究の対象としては法制度やハード整備技術等、様々な分野が含まれるが、その中での筆者の専門性は「住民主体のまちづくり」、あるいは「コミュニティ・デザイン」の言葉で表現される。もう少し分かりやすく書くと、「地域の住民たちが自ら地域のことを考え、将来あるべきイメージを描き、地域の外の人の力を借りつつも、自ら地域をよりよくするべく活動をしてゆくための一連の技術にかかわる研究とそれを行使した現場における実践」である。

　ところで、「まちづくり」は便利な言葉であるが故に結構厄介である。広く使われ始めたのは1960年代以降で、行政や企業による開発行為が引き起こした公害や環境破壊等に対する異議申し立てとしての住民運動を原型とし、もともと住民の主体的関与を含意していた。しかし時を経て、そのソフトなイメージに便乗する形で、行政の実施する都市計画事業、民間開発業者の実施する大規模小売店舗建設や市街地開発事業等も「まちづくり」の言葉を使うようになってしまった。「住民主体」の枕詞が必要な理由はここにある。現在の「まちづくり」は更に対象を拡げ、福祉、教育、文化芸術、防災・防犯、産業振興等、空間計画以外の諸分野の取組みも示すようになっている。ちなみに「コミュニティ・デザイン」も米国から輸入された概念で、コミュニティ＝地域×社会という空間的かつ社会的存在を同時にデザインする技術なのだが、最近はより広い意味で捉えられるようになってきている。

2）「まちづくり」とワークショップ、ファシリテーター

　住民が関与しているまちづくりの現場では「ワークショップ」と呼ば

れる手法が使われることが多い。「ワークショップ」の語そのものは、工房、作業場という意味で、実態としては様々にある「会議」の1つの形式、「個人の参画を促し認識を広げ、集団としての創造力を高める道具・方法」等と説明できる。「開かれた対話・学び・創造の場」というのも分かりやすいかもしれない。日本では、都市・地域計画の分野で住民参加の手法として早くから導入されて全国に普及し、近年は教育、環境、芸術分野でも様々なワークショップが実施されている。ワークショップは「フューチャーセッション」と呼ばれることもある。

　ワークショップの具体的手法として、付せん、模造紙、マーカーを使用した、いわゆる「ポストイット・トーク」（KJ法と呼ぶ人もいる）が広く用いられているが、他にも多種多様な手法がある。会議内容を言葉やイラストを使って記録し、それを使って話し合いを進めるビジュアルな会議運営手法「ファシリテーション・グラフィック」、普段住み慣れているはずのまちをガイドとともに、集団で眺め歩き、コミュニケーションを取りながら学び直す「まち歩き」、グループワークのテーブルを移動してできるだけ数多くの参加者と交流しながら集合知やアイデアを創発する「ワールドカフェ」等、その場で考えるべき、決定すべき内容に応じた様々な手法がある。このワークショップを進行するのが「ファシリテーター」である。「ファシリテーター」は、広義に「会議の進行役」を指す場合があるが、一般的にはワークショップの企画運営者（プログラム企画、会の進行、結果のとりまとめ役等）を指すことが多い。なお、ファシリテーターの機能や役割は「ファシリテーション」と呼ばれる。

3）「まちづくりファシリテーター」が担うべき3つのデザイン
　「住民主体のまちづくり」とは、地域の住民たちが自ら地域のことを考え、将来あるべきイメージを描き、自ら地域をよりよくするために活動をしてゆく継続的プロセスと捉えることができる。住民に地域の事が

我が事であると認識してもらうため、自分や家族等にとって「切実な地域課題」や「大切にしたいモノ」が何かを考え、発言・表明する機会をつくることからスタートすることが多い。また、住んでいても知らないことや近すぎて見えにくくなった「地域」を学習し直す機会をつくることも、初期段階で行われる。その後は、住民の課題意識や興味関心をベースに、住民のやりたいこと、できること、得意技を活かせるような活動アイデアを創り上げながら、その担い手となるコミュニティを形作ってゆく流れが想定される。この点、単発のワークショップを開催しただけで、住民主体のまちづくりが行われていない地域に継続的活動状態を生みだすのは困難であり、連続的ワークショップを開催して、住民はもちろん必要であれば地域外の人々の参画を得ながら進められる1つの「プロジェクト」が運営される必要がある。

　住民がまちづくりに参画することを企図するファシリテーターは、3つのデザイン、すなわち①プログラムデザイン、②プロセスデザイン、③参加（形態）のデザインを行う役割を有する。①は従来の、狭義のファシリテーターとして、実施するワークショップを企画運営する役割である。②は地域が目指すべき当面の目標を参加者とともに設定し、それに到達するように連続する複数のワークショップや調査等を順序立てて運営する、プロジェクトマネージャーとしての役割である。③は、地域の様々な人たちに参加してもらう工夫をするのはもちろん、参加者の間に一体感をもたらしたり、活動的なチームを形成したりするコミュニティ・オーガナイザーとしての役割、地域外の人を含め複数の主体を繋ぐコーディネーターとしての役割を意味する。このように「まちづくりファシリテーター」には多彩な能力が求められるが、個人で全てを担う必要はなくチームで担ってもよい。また、プロジェクトを進める中で様々な専門分野の知識やノウハウが必要となれば、専門家の支援を仰いでもよい。後に紹介する平内町藤沢地区の事例は弘前大学のチームが「まちづくりファシリテーター」として参画したまちづくりプロジェク

トである。

4）住民主体のまちづくりを支える制度・体制

　住民が地域に課題があると認識し、何かアクションを起こしたいが、何から手をつけよいか分からない、そんなケースにまちづくりファシリテーターの能力が最も発揮される。また、行政が、財源や人員の関係で実施できる公共サービスに限界があって、地域住民の主体的な取組みを促進したいのであれば、まちづくりファシリテーターの育成から始める

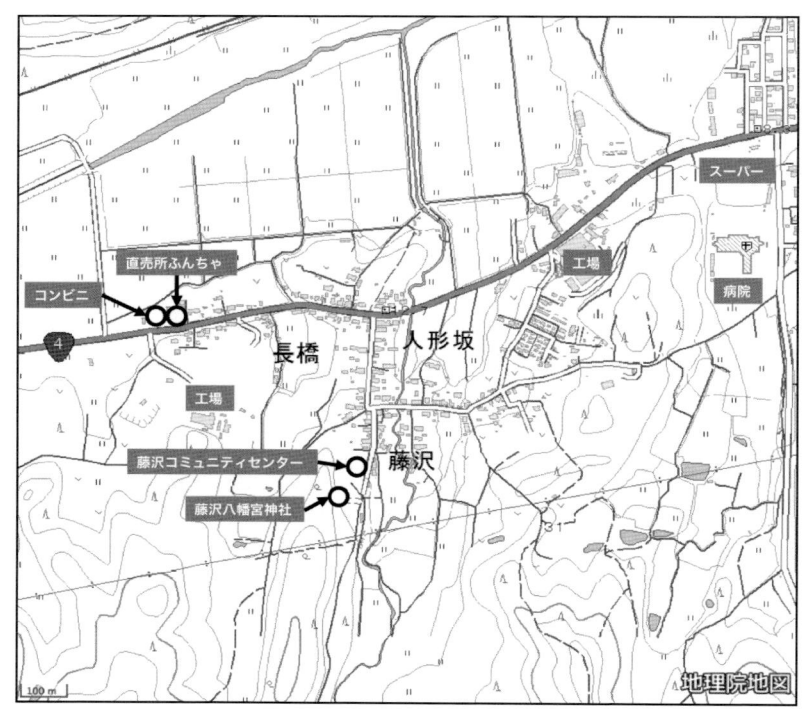

図1　平内町藤沢地区
国土地理院地図（電子国土Web）
（https://maps.gsi.go.jp/#16/40.917907/140.936244/&base=std&ls=std&disp=1&vs
=c1j0h0k0l0u0t0z0r0s0f1）をもとに筆者が加工したものである。

のも有効である。行政は育成されたファシリテーターを地域に派遣して協力しつつ、まちづくりのプロセスを形作ってゆく流れになる。このようなファシリテーター派遣制度は、住民主体のまちづくりを普及させるための大きなきっかけとなり得るだろう。そして、ファシリテーターの支援を通じて生まれた地域活動アイデアが画餅に終わらないためにも、活動の初動期における経済的な支援があるとよい。

　この点、以下に述べる青森県の「集落経営」事業は2ヶ年一括りで、1年目は集落の調査や計画策定、2年目は計画に基づく活動期間となっており、活動経費も計上されていたことによって、地域は活動をスタートさせることができた。

（2）平内町藤沢地区でのまちづくりプロジェクトの開始の経緯
1）県の事業と大学の関わり

　青森県は、2014・15年の2年間を1単位とする「集落経営」事業のモデル地区を公募し、青森県東津軽郡平内町の藤沢町内会が応募して採択され、2014年の8月から地域社会研究科の佐々木純一郎教授と土井の両名が担当となり地区の取組みの支援に当たることとなった。それ以降、「集落経営」事業の後継である「未来づくり」事業（2016・17年度）も活用し、青森県、平内町の協力を受けながら、2017年現在まで継続的な支援を行っている。その間、高い専門性が求められる案件については、当研究科のOBである竹ヶ原公、下田雄次、社会人学生の工藤洋司の3氏がファシリテーターとして加わり、また、研究科の学生も筆者の授業の一環として各ワークショップのプログラム運営や地区の活動に参加した。

2）「集落経営」事業の枠組みと「当面の目標」・プロセスの設定

　そもそも「集落経営」事業の趣旨は、採択された地区に「市町村および大学等と連携しながら、集落の実態調査を行い、その結果に基づき住

民の話し合い等により地域の目標・計画を定め、自ら実施する取組み」（青森県ホームページより）を促すものであり、1年目は地区の目標・計画を策定し、2年目にそれを実行する枠組みになっていた。また、2年間とも地区の活動費と大学の支援に係わる実費が予算化されていた点が本事業の特徴で、目標・計画の策定で終わることなく、地区で考案された活動を経済的に支える仕組みになっていた点は重要であった。

　このような事業枠組みの下、私たちは「集落経営」事業を活用した地区の取組みを「まちづくりプロジェクト」と位置付け、それを運営するファシリテーターとして参画し、地区住民が主体的に地区の現状を知り、将来を考え、実際にアクションを起こすための伴走支援をすることとなった。プロジェクトの開始に際して、藤沢地区の資源や課題を掘り起こし、課題解決を念頭に置いた、資源を活用した活動アイデアを生み出すプロセスを設定して、2年目以降にそれを実行することを「当面の目標」に定めた。

3）平内町藤沢地区について

　藤沢地区は平内町の内陸部に位置する、人口297人、111世帯から構成される「農業集落」である（高齢化率39.8%、2014年4月現在）。藤沢は、地区を貫く国道4号を通じて、あるいは地区から徒歩で15分程度の距離にある青い森鉄道小湊駅からの鉄道を通じて、青森市内に30分程度の位置に立地し、路線バスが充実する等、地区外への移動手段も確保されている。また、コンビニ、スーパー、病院等の生活関連施設が徒歩圏内に揃っている。地区内の主要産業は農業で、スキー工場やコンクリート工場等もある。

　地区活動は、全戸加入の藤沢町内会を中心に担われており、公民館組織、八幡宮氏子組織、婦人会、老人クラブ、消防団、子供会育成会、獅子舞保存会、農地保全の会、水利組合等の組織も各々活動し、これらの代表は町内会役員を兼ねている。具体的活動としては、祭事、生活環境

表1　藤沢地区内組織主催の主な年間行事

時　期		行　事
1月		多世代交流新年会（旧新年を語る会）
	下旬〜2月上旬	コミュニティセンターの雪下ろし
3月	下旬	子供会総会
4月		お花見
	下旬	子供会 清掃奉仕
6月		花壇づくり
7月	第1日曜日	パークゴルフ大会（夜越山）
	下旬〜8月中旬	子供会 扇ねぶた作り
8月	第1日曜日	町内会全員参加の草刈り
	13日	子供会 子どもねぶた運行
	14日午前	獅子舞の門付け
	14日午後	八幡宮夏祭り
9月		町内会役員 視察研修
	下旬〜10月上旬	八幡神社新嘗祭
12月	第1日曜日	町内会総会

の保全や親睦目的の行事等が行われ、住民は季節毎に顔合わせの機会を持ち、中には地区全員が参加対象のものもある（表1）。活動拠点は旧藤沢小学校（1975年閉校）の跡地に建設された藤沢コミュニティセンター（公民館分館、以降コミセン）である。

（3）現況調査と将来の活動アイデア出し：1年目の取組みと成果

1）1年目の取組みの概要

　プロジェクト初年度は以下の2点を目標とした。第1に、藤沢の現状を調査し、地区の課題を把握し地区内の資源を発掘すること。特に、減少傾向にある人口の動向を知るため、住民やその家族が今後地区に住むつもりがあるか調べること。第2に、住民間で地区の課題を共有し、その解決に向けて次年度以降に実行できる活動のアイデアを生み出すこと。特に、地区内の資源を活用してやれそうなこと・やってみたいこと

表2　1年目の取組みの経過（地区主体の取組みも含む）

月	取組みの内容
14年 8月	○関係者顔合わせ、事業説明 ○地区の資源・課題の聞き取り調査
10月	○藤沢地区まち歩き調査 ○地区の暮らしや環境に関わるヒアリング調査①
11月	○先進地のリーダーによる講演会出席（県主催、鹿児島県柳谷集落豊重氏） ○地区の暮らしや環境に関わるヒアリング調査②（子供会・消防団メンバー）
12月	○先進地視察（秋田県大館市山田集落会、五城目町清流の会）
15年 1月	○秋田視察の感想や地区で今後やりたいことの意見出し ○藤沢地区の現況・将来に関するアンケート調査実施
2月	○これまでの調査結果発表/地区の将来のあり方について意見出し（地区主催 「藤沢新年を語る会」） ○地区の当面の活動方針づくり、次年度以降の活動の検討
3月	○先進地視察（青森県新郷村川代ものづくり学校） ○8月以降の取組みをまとめたパンフレット案へ意見出し ○来年度の活動を考えるワークショップ（地区主催、藤沢子供育成会総会） ○取組み記録メディア（パンフレット）の制作・配布

を考えてみること、である。

　実施した具体の取組みは表2の通りである。各種調査や計画づくりのためのワークショップをコミセンで開催し、町会役員を中心に毎回15名程度の住民が出席した。この他、先進地視察・講演会出席、全戸配付のアンケート調査、地区行事の中でのスポット的な簡易ワークショップ等も実施した。

2）藤沢地区の資源と課題（図2）

　ワークショップやヒアリングの結果、藤沢の資源として、①山菜を初めとする自然の恵み、②丘や坂から見渡せる風景、③旧奥州街道、城跡、藤沢八幡宮神社、獅子舞等の歴史文化、④優れた子育て環境、⑤住民同士の交流（親睦のための行事、住民間の団結力や助け合い、「人」のよさ）等があげられた。その中でコミセンは祭事・行事の舞台となっており、

図2　藤沢の現状を知るためのワークショップ

（右左上：資源と課題の聞き取り、左下：まち歩き調査、右中：子供会・消防団メンバーへのヒアリング、右下：今後やりたいことの意見出し、左下・右中は弘前大学のプロジェクトメンバー提供）

空間的「要」となっていることも分かった。

　一方、主要な課題は、①人口・子どもの減少、②雇用の場の少なさ、③世代間交流の場の不足、④農業継続の困難さ、⑤耕作放棄地・休耕田の増加、⑥獅子舞の後継者の不在、の6点にまとめられた。これらは日常的に住民が個々に認識してはいるが、地区内の会合等で正面から取り上げられ議論されることがほぼなかったと考えられる。後に記すが今回の「集落経営」事業の意義の1つは、そのような地区の課題を言語化＝定義した点にあるだろう。

3）先進地視察の実施と意義

　地区の今後のあり方を考える参考とするため、秋田県大館市山田部落会、五城目町清流の会を訪問視察した。参加者からは「高齢者とは思え

ぬ輝きがあった」、「山菜を取ったり育てたり、活気がある」、「我々に出来ないはずがない」等の意見があり、見聞きしたものから刺激を受けて自ら行動を起こす意欲が高まった。また、「林道整備」、「公民館以外の人の集まれる場所づくり」、「マイタケの栽培」、「そばを打って皆で食べる」等、今後の藤沢での活動アイデアも出された。なお1年目末にも、今回の「集落経営」事業の別の採択地である新郷村川代地区を訪問し、参加者は川代地区がすでに実践し、商品化されたそば打ちや籠づくり等も体験できた。振り返れば、これらの地区で見聞き、体験したことが2年目以降の活動をイメージするのに重要な役割を果たしており、視察が大きな転機になったと言うことができる。

4）アンケート調査の概要と結果の考察

　①地区の今後の人口動向（住民の将来の居住意向／現在地区外に住む子どもの居住地、地区への来訪頻度、将来の居住意向）を大まかに把握し、②住民が切実と考える課題が何かを知ることを目的に、アンケート調査を実施した。全86戸に配布し、84戸から回答を得た（回収率97%）。

　アンケート調査から、現在の各家の主はほぼ100%今後も居住する意向を持っていること、またその子どもの5割以上が親と同居する意向を持ち、6割が町内に居住するつもりであること等が分かった。また、地区の人口自体は減少しているものの、子どもの居住地域を考慮すれば、15年程度前の人口が現在の地区よりもやや広い範囲（平内町の他地区や青森市）に分散したと見なすことが可能であり、過剰な危機意識は持つべきではないとの認識を得られた。

　一方、住民が切実と考える地区の課題は、人口・子どもの減少、雇用の場の少なさ、農業継続の困難さと耕作放棄地の増加が上位を占めた。獅子舞の後継者の不在を「重大な課題」とする人は少なかったが、「やや課題である」とする人を含めると人口減少、雇用の場の少なさに次い

で多く、多くの住民が地区の伝統芸能の喪失に課題意識を持っていることも垣間見られた。

5）より多くの住民への成果の共有と参加の機会づくり（図3）

　以上の取組みを通じ、参加した住民の間では地区の資源や課題についての認識が深まり、新しい活動の具体的アイデアも出されるようになった。さらに、以上のヒアリング・アンケート調査等の結果や視察の成果等について広く地区住民全体で共有するべく、不特定多数の住民や帰省者が集う地区の新年会の場で発表する機会を持った。その際、ワークショップやヒアリングには参加していない来場者に対し、すでに出された将来の活動アイデアに投票したり、新たなアイデアを募ったりする、カードを使った簡易ワークショップも実施した。地区の子ども達には

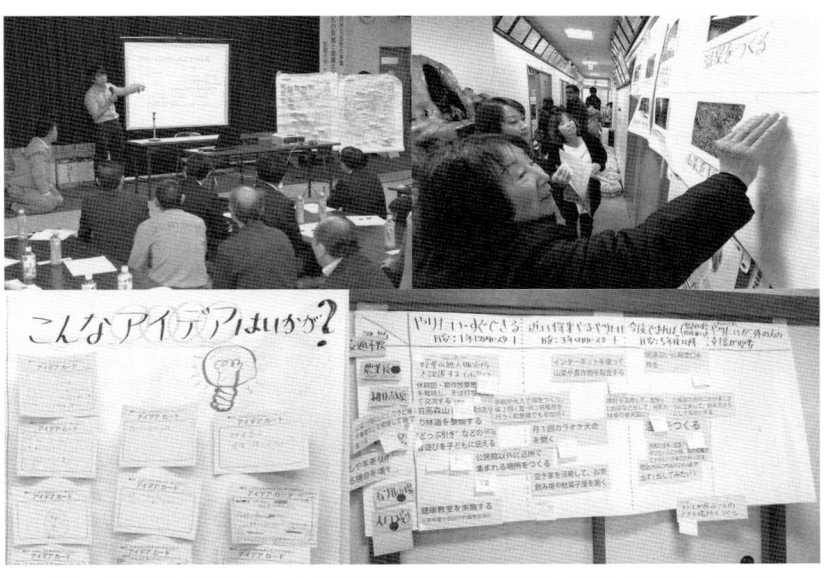

**図3　取組み成果共有・より多くの住民参加の機会づくり（左右上・左下）
　　　と今後の活動決定ワークショップ成果（右下）、（左上は弘前大学の
　　　プロジェクトメンバー提供）**

「こんだばいっきゃ（こうなればいいな）将来の藤沢」をテーマにイラストを事前に描いてもらい、会場に張り出した。

6）地区の将来像・今後の活動方針と活動内容の決定

その後、町会メンバーで地区の将来のあり方を話し合い、その原案とこれまでの取組みの成果、さらに新年会で得られた活動のアイデアを材料に、地区の将来像・今後の活動方針と活動内容を考えるワークショップを開催した。その最終成果の一部を表3に示す。ここで「すぐにでも取り組めるもの、取り組みたい」とされた活動は、多くの住民が課題として認識している「人口・子どもの減少」、「農業の継続の困難さ」、「雇用の場の少なさ」を直ちに解決するものではない。この段階では、それら課題を念頭に置きつつも、まずはできることから無理なく活動してゆくこと、活動を通じて、地区の力を高め、外部の人とネットワークを作

表3　1年目末に住民間で共有した地区の将来像・活動方針・活動内容

項目	内容
Ⅰ．将来像	①住民がいつまでも若々しく生き生きと光り輝ける、しごと・ゆとりを持ち、健康である集落 ②皆で和気あいあいと楽しく、地域のつながりが絶えない集落 ③地区の外の人にも魅力的で、新しい人やアイデアを受け入れる開かれた集落
Ⅱ．活動方針 （活動をする上での心構え）	①やれる人達が無理のないことをする ②目の届く範囲の身近なものを活用して、それをお小遣いに変える ③多世代の人々が集まり、交流する機会を増やす ④藤沢にゆかりのある外の人との交流の機会を増やす、つながりを強くする
Ⅲ．活動内容 （すぐにでも取り組めるもの、取り組みたいもの） ☆は優先的に取り組むもの	①野菜や山菜等の無人販売所を設置する（国道沿いに）☆ ②娯楽・交流のため「どっぷ引き」の復活☆ ③休耕田・耕作放棄地にそばを栽培し、そば打ちを通じて交流する☆ ④山菜（行者にんにく、ワラビ等）や舞茸等を栽培して皆で食べる☆ ⑤健康教室を実施する☆ ⑥獅子舞の継承に取り組む☆ ⑦子どもや大人で畑をつくり、夏と秋に収穫祭を行う ⑧子どもやお年寄りの集まる機会を増やす ⑨公民館以外に近所で集まれる場所をつくる ⑩前高森山（神社や湧水がある）の林道整備

り、少しずつ大きな課題を解決する力を培ってゆくことを確認した。

7）取組み記録メディアの制作・配布（図4）

　1年目の終わりに大学から、地区内でプロジェクト開始以降の取組み内容と成果を共有し、地区外にも情報発信するためのメディア（パンフレット）制作を提案した。8ヶ月間の活動をコンパクトにまとめ、幅広い世代、様々な読み手を想定し、それぞれが読み、使いたくなる内容にして、「地区の名刺」代わりになるものをつくることを目指した。原案を大学側で制作してレイアウトをデザイナーに依頼し、デザイン・文章を住民の方々に批評・修正してもらうワークショップを実施した。特にパンフレットのタイトルやページ見出しの文言は藤沢の方言を用いることとして参加者に提案してもらい、タイトルは「いんでねえがふんちゃ（いいじゃないか藤沢）」となった。初版として500部を印刷し、地区、

図4　取組み記録メディア（パンフレット）「いんでねえがふんちゃ」

町、県、大学に分配し、地区の全戸に配付した。なお、計画に基づき活動が行われた2、3年目の終わりにも同様のパンフレットを制作・配布した。

（4）新たな活動のスタート：2年目以降の取組み内容とその経過

1）2年目以降の取組みの概要と大学の関わり

　2年目、藤沢地区では1年目末に打ち出された、様々な活動に取り組んだ（表4）。大学側は年度当初に諸活動の目標とスケジュールを設定・

表4　2年目の取組みと地区で実施された活動（12月まで）

月	取組みの内容
4月	実施予定の各活動の概要やスケジュール等の検討ワークショップ
5月	第1回健康教室（平内町の健康課題について）
6月	サツマイモ、ハックルベリーの植え付け、そば蒔き
	ハタケシメジ栽培の場所探し（青森県東青地域県民局職員の協力）
	第2回健康教室（認知症予防）
	そば打ち体験と試食会
7月	第3回健康教室（親子クッキング、保育園児・小学校児童の料理体験）
	新郷村から講師を招いてカゴづくり
	新郷村川代地区メンバーを招待して夜越山パークゴルフ大会
8月	新郷村川代地区夏祭りへの参加（ホタテの調理販売）
9月	第4回健康教室（減塩・生活習慣病予防）
	カゴ編み教室
	ハタケシメジ菌床植え込み（10月に収穫）
10月	新郷村川代地区との交流（軽トラ市の応援）
	親子で野外教室（子供会と共催、段ボールオーブンでピザ焼き）
	青森県産業技術センター弘前地域研究所訪問（ハタケシメジのブランド化について相談）
	岩手県紫波町産直施設の視察（無人販売所開設に向けた調査）
11月	青森県地域づくりネットワーク協議会交流会への参加
	ハックルベリーの収穫
	第5回健康教室（骨粗鬆症予防）
	2015年度の取組みの振り返りワークショップ
12月	藤沢地区座談会（現在の藤沢地区の社会関係の成立等に関わるヒアリング調査）
	子供会と共催イベント（三沢航空科学館より講師を招聘）
	第6回健康教室（メタボ予防）

共有するワークショップを開催した後、地区から情報提供のあった新たな取組みや従来行事に時間の許す限り参加して活動の進展を見守った。11月末に2年目の各取組みの内容と成果の共有、次年度の継続可能性検討のため、町内会メンバーを中心にワークショップを開催し、その結果を翌年の地区の新年会の場で地区住民に対して報告した。このような「年度末の取組み評価」や「次年度の取組みの確認」作業は3年目の終わりにも実施している。

　なお、大学側からの企画として、地区のコミュニティの形成過程の把握を目的に座談会形式のヒアリング調査も実施した。

　「集落経営」事業は当初の予定通り2年間で終了となったが、3年目の2016年度、県はその後継事業として「未来づくり」事業を設定した。この事業を構成する「ファシリテーター派遣」の仕組みを活用して、2年目末までに取り組まれていなかった活動を推進するために大学の研究科OB等、専門性を有する社会人をファシリテーターとしてひと月に1、2回程度藤沢地区に派遣して活動の実施に結びつけた。

　4年目の2017年度には「未来づくり」事業が再編され、「ファシリテーター派遣」の仕組みがなくなったが、同事業の「地域づくりインターンシップ事業」の受け入れ地区として応募して採択され、青森県内外の大学生5名を1週間地区に受け入れた。その際、前年度からファシリテーターを担っていた研究科OBが学生と地区のつなぎ役となった。

2）2年目以降の具体的な取組み（図5、6）
ハックルベリー、ハタケシメジの栽培
　初年度末に「舞茸」としていたキノコの栽培は、地区に自生していることもあり、「ハタケシメジ」栽培を目指すこととなった。青森県地域活力振興課を介して県の技術者に栽培に適した場所等についてアドバイスを受ける機会を設け、他県の業者から菌床を購入して栽培・収穫を行った。収穫されたものは地区住民で試食し、調理方法の研究を行った。

さらに、大学が仲介となり、学生1名の勤務先でもある、青森県産業技術センター弘前地域研究所に対して将来のその商品化に関わる研究協力を依頼して承諾され、現在サポートを受けている。また、初年度に視察した新郷村川代地区ではハックルベリーを栽培し加工品をつくっているが、その苗を分けてもらい、休耕地に植え、収穫して加工品を試作した。ハタケシメジ栽培は現在3年目を迎えたが、試行錯誤を経てノウハウを蓄積しつつ安定した栽培ができるようになってきている。

そば・サツマイモの栽培とそば打ち・芋掘り体験の機会づくり

地区住民に広く呼びかけ、初年度に訪問した視察地に倣う形で「そば打ち体験」の会を催した。必要な道具を購入し、材料は市販のものを使用したが、今後継続実施できる手応えが得られた。また、地区内の休耕地で行ったそば栽培は十分な収穫を得られなかったが、今後に向けて必要な種と技術的教訓を得た。また、サツマイモを植え、地区内の保育園児の芋掘り体験の機会をつくった（芋掘り体験は2017年現在も継続）。

健康教室の実施

町役場の調理師の資格を持った職員や平内中央病院の協力を得て、2年目に全6回の「健康教室」を実施した。高齢になっても健康に生活できることを目指して生活習慣病や認知症の予防等をテーマに掲げ、多くの住民に関心を持ってもらえるよう食に関わるプログラムを組み込みつつ実施し、毎回20人程度の参加があった。回数は減ったものの3年目も継続開催した。

新郷村との交流とカゴ編み講習会・教室の開催

初年度の視察以来、新郷村川代地区との交流が始まり現在まで続いている。2年目は川代地区から講師を招いてPPバンド（梱包用の樹脂結束バンド）を材料とするカゴ編み講習会を実施した。希望者が多かった

図5　藤沢地区の取組み
（左上：ハタケシメジの栽培、右上：PPバンドカゴ編み教室、左下：健康教室、
右下：子どもの食育、左上下は平内町役場提供）

ため最初は人数を絞ってその参加者が技術を習得し、2、3回目におい
て初回参加者が新規参加者に教える形で教室を連続開催し、現在は定期
的に集まって会話を楽しみながらカゴ作りをする場として定着してい
る。また、藤沢地区が主催したパークゴルフ大会に川代地区の方々を招
待し、逆に川代地区で開催される祭りや行事に応援のため参加する等、
相互の往来が行われた。後述する「直売所」オープンの際には、品薄だっ
た農作物を提供してもらう支援をしてもらった。

子供会との共催行事の実施

　梵珠少年自然の家や三沢航空科学館から講師を招き、子ども達が楽し
みながら科学を学ぶことのできる機会を設けたり、保育園児を中心とす
る子ども達に調理体験を通じた食育の機会を作ったりした。

図6　無人販売所開設と獅子舞継承に向けた取組み
（左上：無人販売所開設に向けた勉強会、右上：開設した「直売所ふんちゃ」、
左下：獅子舞継承にむけた練習会、右下：生演奏による獅子舞演舞）

無人販売所開設に向けた勉強会の開催と直売所のオープン

　地元農産物の「無人販売所」は、2年目末時点で設置候補地が定まっていたものの、具体的運営方法が検討されていなかった。そこで3年目初頭から「集落経営」事業の後継事業を活用し、研究科OBをファシリテーターとして派遣し、運営に関われそうな地元女性農業者たちに呼びかけて連続勉強会を開催した。地元で季節毎に穫れる野菜の品目整理と栽培方法、価格設定、パッケージやラベルのデザイン、料金徴収方法、店舗のレイアウトや看板のデザイン等、検討すべき項目は多岐にわたったが、メンバーの熱心な参画や青森県の協力もあり、2016年7月に「直売所ふんちゃ」をオープンすることができた。店舗の改装は男性陣が汗を流しセルフビルドで実施した。オープン後も売上げや課題・改善事項を確認するミーティングを続け、現在は安定した収入を得るようになっ

ている。

獅子舞保存に向けた練習会と新年会でのお披露目

　「獅子舞の継承」も２年目末までに新たな取組みが行われていなかった。このため、県内の伝統芸能継承に関わる多くの実践に関与・精通している研究科のOBがファシリテーターとして参画することになった。藤沢獅子舞保存会のメンバーを中心に集まり、横笛演奏の継承が喫緊の課題であることを確認し、横笛の演奏譜面化作業と定期的な練習会を開催した。この練習会の甲斐あって、新年会の場で10年ぶりに全て生演奏で獅子舞の演舞を披露することができた。また、これら一連の取組みを今後も参考にできるように記録DVDとしてまとめ、地元に頒布した。

3）2～4年目の取組みの全体的総括

　初年度末に計画された「すぐにでも取り組めるもの、取り組みたいもの」として打ち出された活動（表3のⅢ）のうち、「高齢者が集まれる場所づくり」については候補物件（空き家）が定まり、その清掃・改修が行われたものの本格的活用には至っていない。また「林道の整備」については着手されていない。前者については近くにコミセンがあるのであえて利用する機会がなく、後者については林道利用者が現状ほとんどないため取組みが後回しになった。

　しかし、以上を除けば、初年度末に計画された全ての活動が本格的に実施され、活動スタート後3年目になって多くが定着するに至った。青森県が「集落経営」事業によって「対象地区で実施されるのが望ましい」と想定していた事項は十分に達成できたと思われる。

　この"成功"は、後述するように、事業導入以前から地区に蓄積されていた地域の力に大きく依拠しているのだが、付け加えれば、県による支援制度が一連の動きが起こるきっかけと流れを与え、地区、県、町及び大学が必要な場面で協働した結果だと言うことができる。この"成功"

は「走り始めることができた」事実を意味するものであり、向こう5〜10年の継続があって初めて、本来目指すべき人口減少の抑制や雇用の創出等に繋がる可能性が開かれるだろう。

（5）「住民主体のまちづくり」の観点から見た今回のプロジェクト
1）「3つのデザイン」からみた今回のプロジェクト

以上、大学チームがファシリテーターとして、藤沢地区の住民主体のまちづくりプロジェクトに関わった3年半の経過を整理した。この実践と成果を今一度、冒頭（1）3）で言及したファシリテーターの3つの役割＝「3つのデザイン」に沿う形で振り返っておきたい。

①プログラムデザインの側面

特に初年度において、町会のメンバーが主要参加者となるワークショップや調査等のプログラムを多数実施した。計画策定に至る諸段階の獲得目標に従って、地区の資源・課題、暮らしの状況の聞き取り、まち歩き、活動のアイデア出し、地区の将来イメージや活動方針決定等のプログラムを企画・実施し、住民の意欲的な参画と必要なアウトプットを得ることができた。また、不特定多数の住民が出席する新年会の場では、発表会形式でプロジェクトの成果を共有する時間をとったのに加え、既に出されていたアイデアに投票したり、気軽にアイデアを出したりできる簡易ワークショップも実施してプロジェクトの認知度を向上させることができた。

②プロセスデザインの側面

プロジェクトの初年度、上に記したような各種のワークショップ、調査、現地視察、成果発表会を順序立てて実施し、年度末までに地区の現状把握と次年度以降の活動計画の策定という目標を達成することができた。当初段階では現状把握→視察・調査結果共有→活動方針・内容策定

という大きな流れのみ設定し、プロジェクトを進めながら必要なプログラムを企画・実施して、2年目以降に住民が自ら実行すべき活動をじっくりと考えるプロセスを運営できた。同様なプロセスを組むことができた要因の1つは、県の「集落経営」事業が2年目の活動に予算を計上していた点にある。「アイデアはあるが原資がない」状況はまちづくりの現場ではしばしば起こることだが、それを回避できたことによって、住民は次年度実際に活動することのリアリティを保ちつつ考え行動することができた。活動スタート後も取り組んでいることを振り返る機会を設け、個々の活動に加え、取組み全体の進捗を共有しているが、これについては今後も継続してゆくべきだろう。

③参加のデザインの側面

　藤沢地区は「集落経営」事業導入以前から、町会や他の地域組織が協力し合いながら地域活動に取り組んでいた。つまり、主体的な地域活動がすでに相当程度存在し、これが1年目の計画策定時においてはもちろん、2年目以降の取組みのベースにもなり得た。地域活動の中核を担っている人々を中心とする20名程の方々には、自発的に主要なワークショップやヒアリング調査に参加・協力いただいた。一方、より多くの住民や地区外の人々がプロジェクトを認知し今後の地区の活動に興味を持ってもらえるように、調査の成果共有のための発表会、発表会の場での簡易ワークショップ、プロジェクト成果を伝えるメディアの配布等を実施した。これらに加え、2年目末時点で取り組みが停滞気味だった「無人販売所開設」と「獅子舞の継承」については、専門性を有する弘前大学の関係者をファシリテーターとして派遣し、それぞれ直売所に出品しそうな女性農業者、獅子舞保存会のメンバーに参加を呼びかけ、時間をかけて具体的活動を起こすことができた。

　全体としては、地区の将来を展望し具体的な活動を生み出すことを目

標に掲げ、そのためのプロセスを構築して、議論の方向性を明確化しつつ、時には話し合われる内容を拡げてアイデアを引き出すプログラムを企画・運営できた。これにより参加した住民の方々は地区に「あるもの」に気づき、地区の課題を認識した上で、「自分たちができる活動」を発想することが可能になったと言えよう。そして、実際に活動が実施されたのだから、結果として自分たちはできるという「気づき」を多少なりとも住民にもたらしたに違いない。

2）プロジェクトの進め方と藤沢の地区特性の関係

　一般論として、地域活動がほとんどない地区で、将来の活動の担い手候補となる人材を発掘してプロジェクトの企画段階から継続的な参画を促し、活動とその担い手を同時に生み出すことは容易ではない。地域活動に関心のない人々に、将来のまちづくりをテーマとする会合に足を運んでもらうこと自体そもそも困難である。この点、藤沢地区は、すでに主体的に地域活動を営む住民（組織）があり、かれらは将来の新たな活動の担い手になりうる存在であった。未来の活動の中核となりうる住民の参画をプロジェクトの初期段階から得られたことは非常に大きかった。ファシリテーター側としては、住民自身に現状を認識し何をなすべきかを考えてもらう場を設定し、そこで出てきた意見を整理して形にするプログラムとプロセスの企画・運営に注力すればよかった。

　今回のプロジェクトでも多用した「ワークショップ」は、地域の詳細な情報やそれに基づくアイデア等といった必要なアウトプットを獲得するための手法であるが、「副産物」として参加者間にソーシャルキャピタル（信頼関係や人間関係）を蓄積させ、それを更なる推進力としてその後のプロセスに活用する技術でもある。藤沢の場合、すでにその蓄積があったため、計画の中身づくりにフォーカスしてプロセスを組み立てることができたと言えるだろう。

（6）おわりに：地域まちづくりプロジェクトに大学が関与する意義

　この章を締めくくるにあたり、今回の藤沢地区のプロジェクトへの関与を通じて確認できた、地域まちづくりプロジェクトに大学が関与することの意義を記しておきたい。

1）調査・分析能力を通じた「ローカルな知」の産出

　まず、ワークショップ、ヒアリング・アンケート調査、まち歩きやそのアウトプットの整理・分析を通じて、地区の資源・課題や暮らしの現況が「言葉」として目に見える形を与えられ、住民が将来を考えるための足がかりとなった。このように、大学の研究機関としての調査・分析能力は、地域まちづくりを進める上で基礎となる、「ローカルな知」の産出に活用することができる。

2）「ローカルな知」の流通の場・手段の設定

　また、これまで十分に認識されていなかった、上述の「ローカルな知」が共有されるための、多くの住民を集めたコミュニケーションの場の設定や、地区内外の人々の目に触れるメディア制作を行った。これらによって、言語化された地区の資源・課題は、少なからず住民の「共有物」となり、地区で活用・解決される可能性を開くことができたといえる。以上の「ローカルな知の産出と流通の場・手段の設定」は、学界内で流通する普遍知、つまり汎用性と抽象度が高い知を産出する学術研究とは差異化される領域として、弘前大学のような地方大学が重視すべきポイントに違いない。

3）多様な人材を通じた地域への総合的な関与

　「総合大学」としての弘前大学、あるいは学際的組織でありかつ社会人も在籍する地域社会研究科の強みを生かし、教員だけでなく高度な専門性を有したOBや社会人学生というリソースを活用した多面的な支援

を行うことができた。また、ワークショップ、調査への協力やインターンシップ等を通じた地域活動への参加を通じて、学生もプロジェクトに参画したことは、地域に少なからず刺激を与えることができただろう。このように地域の状況に合わせて、多様な人材による多様な関わり方ができることは大学の強みである。当然ながら、自大学内で完結させる必要はなく、普段から協働してネットワークのある、他大学の研究者、行政や企業やNPO等の人材も活用できるし、すべきであろう。

　最後に、今回の県の「集落経営」事業を媒介としたプロジェクトは、単体集落を対象とした支援の方法として、予算・体制の両面で極めて手厚いものであった点には触れなければなるまい。同様の支援を多数の地域で実施するのは、財源面でも人員面でも困難である。従って支援制度の設計面で検討すべき課題は少なくないが、当面大学が取り組むべきことは学生、社会人を問わず、地域に1人でも多くのまちづくり人材を育成してゆくことだろう。

謝辞
　藤沢地区のプロジェクトを実施するにあたり、藤沢地区住民の皆さま、平内町役場と青森県庁地域活力振興課の職員の皆さまには多大なるご尽力をいただきました。心から感謝の意を表します。

文　献
土井良浩（2008）「漁村住民が策定・実践主体となる漁村振興計画に関する研究」『日本沿岸域学会第21回研究討論会講演概要集』159-164。
------（2009）「漁村の住民・組織による地域活性化の取組みの初動期における特性」『日本沿岸域学会第22回研究討論会講演概要集』69-74。
------（2010）「漁村地域の住民・住民組織による地域活性化の取り組みの初動期における特性（2）」『日本沿岸域学会第23回研究討論会講演概要集（CD-ROM）』セッション10-2。
M・ドイル他（2003）『会議が絶対うまくいく方法』日本経済新聞出版社。

Ｒ・Ｔ・ヘスター、土肥真人（1997）『まちづくりの方法と技術（コミュニティー・デザイン・プライマー）』現代企画室。

木下　勇（2007）『ワークショップ』学芸出版社。

中野民夫（2001）『ワークショップ』岩波新書。

中野民夫他（2015）『ファシリテーター行動指南書』ナカニシヤ出版。

日本建築学会編（2004）『まちづくりの方法』丸善出版。

世田谷まちづくりセンター（現　世田谷トラストまちづくり）（1993）『参加のデザイン道具箱』。

------（1996）『参加のデザイン道具箱PART-2』。

------（1998）『参加のデザイン道具箱PART-3』。

※本章は、土井良浩（2016）「青森県との集落再生共同研究・調査方法論　平内町藤沢地区」『地域社会研究』9:25-31を、大幅にリライトしたものである。

５．地域計画学の挑戦　*123*

6. 人類学の挑戦

白石 壮一郎・杉山 祐子・近藤 史

（1）はじめに

　経済的拡大に照準した20世紀システムは、農村部にも商品化と生産力主義、動員のための社会内統合をもたらした（池上 2000）。一方、2010年代も終わりにさしかかろうとしている現代は「縮小」の時代である。青森県内含め、多くの地域での人口減少の傾向はこの先しばらく変わることはないが、人口減少を「問題」とばかり捉えたがるのは、われわれ自身の見方がこの20世紀システムに囚われているからかもしれない。小さな人口で持続的な地域生活を社会的にも経済的にも営んでいくには、どのようにものごとの見方を変えていく可能性があるのだろうか。この点について、人類学の立場から考えてみよう。

　人類学の特質をあらわすキーワードとして、もっともよく挙げられるのは「文化相対主義」と「フィールドワーク」だろう。文化相対主義とは、他文化を理解するときの姿勢のことで、ある社会を見るときに自分たちが外部から持ち込んだ価値の物差しで計るのではなく、その社会の内部の視点から、ローカルな文脈から、あるいは住民の目線から、ものごとがどう見えているかを読み解いていくことを言う。そして、人類学者はそれを長期の住み込み調査の代名詞である「フィールドワーク」によっておこなってきた。

　ただ、文化相対主義はよく誤解されるような「それぞれの社会はそれぞれの文化をもつ」という相対化をして終わり、という主旨ではない。いわば自文化中心主義の対語の自文化相対主義、つまり当たり前に思えている自文化の現在のあり方を相対化したうえで、将来の社会のあり方を構想していくという側面もある（白石2011）。たとえば人口が小さくなることや、若者が少なく年輩者が多いことが、それぞれの地域で暮

らす方々にとってどのような意味を持つのかを理解していけば、これからの小人口社会への見方は変わりうる。

　人類学が得意としてきたのは、集落や町内のような生活に根ざした社会集団の観察を通して住民の目線からのものごとの捉え方を理解することだ。「ポスト地域創生」の文脈では、地域住民の側に視点を変えて、社会現象に対するかれらの意味づけや対処のあり方から、同時代の地域社会の「課題」への対処を発見していくのが、人類学の挑戦なのだと思われる。

　この章では、2つの調査プロジェクト（「集落経営」事業、および「地域経営」事業）について、それぞれの活動経過をひもときながら解釈を加えていき、これらを通して考えうる地域−大学連携の意義を議論したい。

（2）三沢市根井での集落点検と活動

1）調査と活動の概要

　2014年度から2015年度にかけての集落点検（「集落経営」事業）において、三沢市根井地区（以下「根井集落」、図1）を担当したのは杉山と白石（いずれも人文社会科学部教員）である。これに加えて、柴田彩子（弘前大学大学院地域社会研究科研究員）の協力を得て、当時の人文学部コースワークの社会調査実習で経験を積んだ学部生とともに調査・活動チームを組んだ。期間中は弘前から教員2〜3名と学部生5〜10名で根井を訪れた。20才前後の若い学部生をともなって地域を訪れることは、現在全国の多くの大学で実践されているだろう。この（2）節での論点の1つは、こうした大学の地域連携事業に学生をともなうことが、地域の側に与える効果についてのものである。

　根井集落は、三沢市街地から約10km、車で30分ほどの距離で、三沢市街地への自動車通勤圏内にある。市街地から六ヶ所村方面に抜ける県道170号線沿いに家屋が集まっており、手入れの行き届いた宅地や

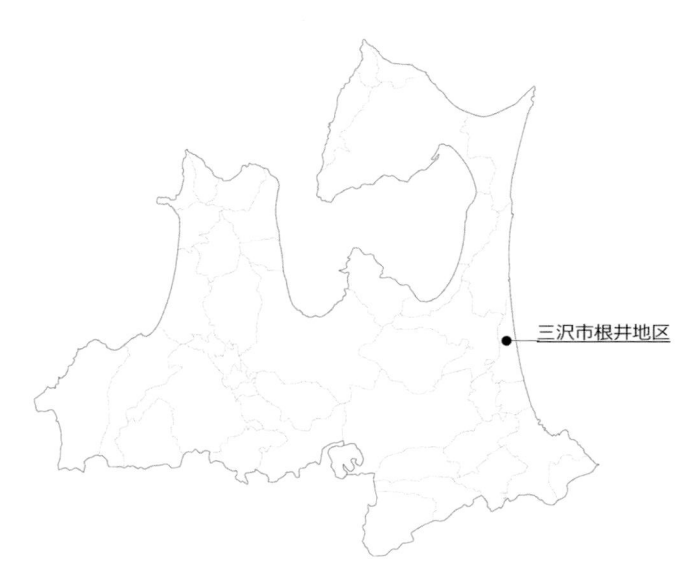

三沢市根井地区

図1 三沢市根井地区の位置

農地が印象的な景観である。県道を走ると根井の北には、朝日、高野沢、谷地頭と集落が続く。2014年度現在、根井集落周辺には土地改良を経た耕地でナガイモやゴボウが栽培され、酪農を営む世帯もあるが、専業農家数は6世帯で、その他の世帯は兼業や農外就業を主としている。

　表1に示したのは、2014～15年度の活動概要である。2014年8月の集落点検（戸別聞き取り調査、後述）で得た根井についての知見をベースに、その後のクリーン作戦（集落内側溝掃除や神社境内の清掃）など集落行事への参加、小学校イルミネーション飾り付け（各年末クリスマス時季）、住民ワークショップ（2014年11月、図2）、大学生と小中学生との交流勉強会（「旧根井小学校で大学生と遊ぼう」、全3回）を実施している。

　われわれが認識したのは、まず根井の住民の方々は行事や共同作業への出席率の高さや行事当日の円滑な協力体制など機動力が高いというこ

表1　2014–15年度のおもな活動内容

年　月	活動内容
2014年7月	ごあいさつと活動計画打ち合わせ、調査依頼
8月	集落点検（調査項目に基づく聞き取り調査、43世帯）
10月	根井集落クリーン作戦参与観察・グループインタビュー 先進地視察（秋田県由利本荘市） クリーン作戦参加＆ミニグループセッションまとめ報告会（於　根井集会所）
11月	集落点検中間報告ワークショップ（「おいしいものを食べて、根井ライフを語ろう」、於　根井集会所）
12月	中間報告WSの結果を受けて、弘前大学から三沢市担当者へ今後の活動案提出 旧根井小学校イルミネーション飾りつけ
2015年1月	根井町会総会（総会後新年会）に参加
2月	今後の方針等について三沢市役所で打ち合わせ
3月	弘前にて、集落点検合同報告会（県庁主催） 「旧根井小学校で大学生と遊ぼう」イベント(3/28-29) →参加学生「ねいひろ通信vol.1」発行
5月	「ご縁日」参加　→参加学生「ねいひろ通信vol.2」発行
8月	イベント「根井の看板作ろう！」 先進地視察（秋田県羽後町）
9月	イベント「旧根井小で大学生と遊ぼう」第2回　→参加学生「ねいひろ通信vol.3」発行
10月	根井集落クリーン作戦＋収穫祭
12月	集会所・旧根井小学校イルミネーション　→ 参加学生「ねいひろ通信vol.4」発行
2016年2〜3月	イベント「旧根井小で大学生と遊ぼう」第3回
3月	合同報告会（県庁主催）

と。そして、彼らが地域への愛着と誇りをお持ちだということだ。町会役員として活躍されているのは、60代の方々だった。みなさんお元気で、地域生活を営むうえで決定的な人材不足は顕在化していない。

　そのような状況のなかで、少子化・高齢化の進行や後継者問題といった課題あるいは「気がかり」が、具体的にどのような形で住民の方々の日常にあらわれてくるかという点に着目した。そこで、この調査プロジェクトでは地域の課題解決に向けた取り組みの構築よりも、現状の共有に力点を置いた。つまり、現在の集落の持続力をできるだけ全体で確認し、次世代へ継承するための手がかりを得ること、あるいは10年後、

20年後に向けての課題の共有をはかるための世代間交流の機会と場の構築にむけた活動を方向づけることが、今後の展開につながると考えたのである。以下の2）項では、訪問調査の経緯と根井集落の方々との取り組み、そしてそれらをふまえた今後の課題について順に述べていきたい。

2）聞き取り調査実施からワークショップまで

　この集落点検は、その出発点で多少の波乱を含んでいた。県が公募した集落点検の応募主体となった団体は小川原湖自然楽校で、旧根井小学校（2006年3月閉校、現・根井団体活動センター）を拠点とした活動を行っている。応募時の資料によると、根井集落の世帯数は64、人口159人、高齢化率は51％である（2014年4月現在）。想定された活動の焦点項目は、神楽の継承、お盆帰省者との交流活動、体験エコミュージアム等であった。

　2014年7月に行われた根井町会役員・小川原湖自然楽校代表・三沢市役所政策調整課の事業担当・青森県庁の方々と大学との初めての打ち合わせで、町会役員の方々から集落の世帯数は43戸であることや、農業の状況について、専業の方はごく一部であることや、集落の年間行事についてうかがった。また、集落点検の実施そのものについて、集落の方々への周知や理解が進んでおらず、応募主体と住民（町会）とのあいだに大きな温度差があることが明らかになった。いまから振り返れば、このときの打ち合わせに臨んだ根井の町会役員の方々、申請者の方の不安や疑問、警戒心が想像できる。そこで、当初のプランを念頭におきつつも、まずは8月の全戸調査の目的を、住民の方々に事業について知っていただくことと、集落の現状把握、集落の方々それぞれの思う根井集落の良さや課題を具体的かつ個別に知ることとする点を確認した。町会には、回覧板による集落内全戸への連絡を依頼した。われわれの方でも、各戸訪問という形での聞き取り調査が順調に運ぶかどうか、案じていた。

各戸訪問による聞き取りは、2014年8月15-19日の5日間に実施した。担当したのは白石、柴田、平井太郎（地域社会研究科）の教員3名、それに人文学部学生11名で、質問項目をあらかじめ定めた半構造化インタビュー手法を使い、各世帯に30分から長い場合は2時間ほど滞在した。半構造化インタビューとは、聞き取り調査のさいに社会学や人類学が採る方法のひとつで、その調査で聞き取るべき情報が網羅できそうな複数の話題項目をあらかじめ立てておき、それにしたがって、各項目について自身の経験や知っていること・思いつくことなどを話してもらうように調査者が話者（被調査者）に働きかけるという方法である。

　表2は、調査時に用意した質問事項である（総務省のものをアレンジ）。冒頭に主旨説明をおこなったあと、おおまかにこれらの項目にしたがって進めるが、各質問事項を順番に1問1答と形式的になることを避け、項目別の話題を相手（住民）に振ったあとは比較的自由に相手にお話しいただくようにこころがけた。このやり方では、中項目30以上をすべてお話いただくには確実に1時間以上はかかる。逆に言えば、これが15分で終わったのでは実のあるお話はうかがえなかったに等しい。ここは各自ずうずうしくなることを覚悟してお宅を訪問し、お話を聞くしかない。お盆のお忙しい時季にもかかわらず、43世帯中36世帯（42名）の方々のご協力をいただいた。お話をうかがったのは、おもに60代の方々である。長い場合には3時間近くもご協力いただいた。

　聞き取りの場では、世帯主である男性の隣にその奥さんが座り、おふたりにお話をうかがうというケースも多かった。このことによって、話題がお子さんやお孫さんのことではおふたりで話を補い合い、郷土料理については婚入した奥さんと世帯主の男性とでは知識に差があり、自宅菜園（サイバタケ）のことでは奥さんの独壇場となるなど、ジェンダーによる知識の分布を知る手がかりにもなった。

　また、住民のあいだでも生活圏（日常生活での移動範囲）や交流圏（人づきあいの範囲）などの世代によるちがいがあることが明らかに

表2 半構造化インタビューによる質問事項（三沢市根井、2014年8月実施）

大項目			中項目
1	世帯のようす	1	ご家族について（根井在住、他出とも）
		2	お仕事（複数の場合、全体を10としたときの労働時間、所得に応じた割合を目安で）
		3	引っ越し経験やこれからの移住
		4	他出しているご家族との行き来
		5	跡取りについてのお考え
2	地区の活動	1	地区の行事や作業への参加
		2	地区の組織やグループへの関わり方
		3	今後必要と思われる地区での支え合い
		4	地区の方々の集まる場所（根井小学校閉校の前後でのちがいは？）
3	地域の「よいところ」として思い浮かぶもの、大切にしているもの	1	世代間のつながり
		2	自然環境（山菜採り、茸採りなどは？）
		3	地区のつきあい（冠婚葬祭、講、テツダイ・テマガエ・テマドリなど農作業互助）
		4	地区の芸能（神楽など）
		5	昔から伝わる手仕事や道具、食べ物など
		6	これらを次の世代にどう伝えていくか
4	日常的な移動とその手段	1	病院・デイケアなど（行き先、交通手段、頻度）
		2	買い物（行き先、交通手段、頻度）
		3	路線バスの利用（コミュニティ・バスの存在など）
		4	これらについて、地域での助け合い
5	安全・安心	1	災害の様子や危なさのぐあい、最近の災害での避難のようす
		2	空き家についての思い
		3	耕作放棄地のようすやそれへの思い
		4	山や道、水路などのようす
6	地区の将来	1	10年後の地区の姿

　なった。加えて、日常的に登下校する子どもたちの姿や声が集落からなくなったことは、集落内の景観を大きく変えた。ある方は、夏休みに見慣れない小学校低学年の子どもに道端で会っても、「お父さん・お母さんの名前」を聞くのではなく、じきに「おじいさん・おばあさんの名前」を聞かなくてはならなくなるかもしれない、と語ってくださった。集落における活動を考える際には、そうした世代間の交流を焦点化する必要があることを確認した。

図2　住民ワークショップ

　各戸訪問聞き取りからの情報、およびクリーン作戦への参加により得られた知見を町会役員会で報告し、町会の協力を得て11月末に中間報告会を兼ねたワークショップを集会所で実施した（図2）。このワークショップでは、8月の聞き取りではあまりお話を聞くことができなかった若い現役子育て世代の参加を促したかった。「子どもも参加できるようにすれば自ずとその親も、子どもの顔を見に近隣の年寄りも参加する」という町会役員の方の発案で、子どもも含めできるだけ多くの方の参加が得られるよう「おいしいものを食べて、根井ライフを語ろう」と題しての開催となった。もともと根井では、毎年1月におこなわれる総会後に婦人会の手作り料理で会食をする。集会所の炊事場には伝統料理のレシピが貼付されていた。こうした既存の活動経験を活かし、女性の方々のご協力を得てこの企画は実現した。

　当日、第1部は8月の戸別聞き取り結果を中心とした集落点検報告（柴田・学生による）、先進地視察報告（県担当・住民による）がそれぞれおこなわれ、そののち、「根井のおいしいもの満載弁当」の昼食会・交流会をはさんで、第2部ワークショップ「根井ライフを語ろう」に

移った。第2部では、戸別聞き取りをもとに作成した「根井のたからものMAP」を見ながら、参加者が年輩者グループ、子育て世代グループ、子どもグループの3つに分かれて根井集落の「財産」や課題を検討し発表した。

　このうち子どもグループの設定は当初予定になかったが、当日参加した子どもたちの数から、手持ち無沙汰でいるよりむしろ1つのグループを作った方がよいと見た三沢市役所の熊野氏の発案で作られた。子どもたちの意見は年輩者グループ、子育て世代グループの意見をつなぐ重要な鍵となっただけではなく、子育て世代や年輩者にとっては子や孫の地域をみる視点を確認する手がかりとなっただろう。世代共通、あるいは世代によるちがいをもった集落のポテンシャルや課題についての考えが明らかになった。われわれも住民の方々も、ワークショップにはまだ不慣れであったものの、10年後の根井を見据えたビジョンを「帰ってこられる場所：根井」として、根井集落の「財産」を生かす方向での諸活動をおこなうという方針が立てられた。

3）活動案作成と実施：旧根井小学校を基点とする交流拠点の形成

　中間報告会ワークショップを受けて、取り組むべき課題とその優先順位、活用できる集落の「財産」を勘案し、われわれから旧根井小学校を拠点とした活動展開について、三沢市担当者への報告提案をおこなった（2014年12月）。すでに述べたように、60代の方々が現役で元気に活動されているため、根井の方々は、人口減少によって集落が危機的に疲弊しているという実感はもたない。しかし、約10年前の根井小学校閉校によって世帯間・世代間交流の場が喪失したという切実な思いは、共通していたからである。この認識は三沢市役所および県庁の担当者、大学側も共有するところであって、ワークショップに先立って閉校後の小学校舎を活用している先進地として秋田県由利本荘市の視察（10月）もおこなわれていた。

旧根井小学校は、根井集落と、隣接の朝日集落とを学区とした。歴史的にも、小学校は地区のものとして年輩者には強い思い入れがある。子どもたちが学ぶ場だっただけでなく、かつて根井集落および学区に属する朝日集落などを含め、集落を越え幅広い年代の人々が集う機会を提供する場でもあった。例えば、運動会は小学生を子にもつ親だけではなく、「縄ない競争」などお年寄り参加の種目も企画され、地域の方々が集まる地域行事だったのである。旧校舎の廊下には歴代の生徒たちがスポーツや一輪車の地区大会などで獲得した数々の賞状、卒業記念写真などが飾ってある、お年寄りから現役の子育て世代の方々にもなつかしい思い出と一体となった場所である。そして見落としてならないのは、旧校舎はそのような「過去の遺産」であるだけではないという点だ。統合後の小学校に通う現在の子どもたちにとっても、校庭や体育館などが集落内での大切な遊び場として認識されている。小川原湖自然楽校の活動によって建物の維持管理がなされてきたため、閉校後約10年を経ても鉄筋コンクリ平屋校舎には傷みがあまりなかった。

　具体的な事業展開としては、根井町会若手役員、三沢市担当者、県庁担当者と大学とが連携して、旧根井小学校舎を拠点としたイベントを企画実施し、集落の人々が足を運びやすい環境を段階的に整備することをめざした。まずおこなわれたのは、秋田県由利本荘市の視察にヒントを得た旧根井小学校のイルミネーションである（2014年12月）。次いで2014年度末にかけて三沢市は、旧校舎内の図書室に新しい本を増やし、子どもも大人もくつろげる場所として整備したほか、体育館にはボールなどの運動用品を補充して、利用環境を整えた。大学側からは、小中学校の休暇期間中に、旧校舎で子どもたちと宿題をしたり遊んだりする企画を提案した。大学側企画のこのイベントは2015年3月に「大学生と遊ぼう」と題して2日間にわたって実施され、町会回覧板告知によって小学生を中心に、保育園児から中高生までの年齢層の子どもたちの参加を得た。隣接の朝日集落の子どもの参加もあったため、以後、朝日集落

にも呼びかけることが望まれた。これは事業実施の際の「地域単位」設定を考えることの重要性を再認識する機会であった（これは（2）節の5）項で後述）。

　子どもたちは宿題そっちのけで、大学生らと校庭でのサッカー、体育館でのバスケットボール、図書室でのゲームや雑談（進学や将来）などに熱心だった。大学生たちも、真剣に子どもたちと接してお互いに打ちとけていった。毎回の参加大学生は5〜10人、子どもたちも同程度の人数なので、お互いに顔を覚える。このように親でも先生でもない「斜め」どうしの年長−年少関係が子どもたちと大学生との間に構築でき、それに基づいて子どもたちの視点からみた地域を知りうることは、大学生が研究チームに加わっていることの大きな利点である。例えば、統合後の小学校には児童館が隣接しており、この児童館を利用する家かどうかによって子どもの放課後の過ごし方がちがうし、小学校高学年から中学生は部活動に熱心な子が多いこともあって、そもそも放課後時間帯や休日に、集落にいない子どもが一定数いる。このような状況のなか、大学生と遊ぶイベントは集落にいる子たちの参加を呼んだのである。

　もちろん事業関連のイベントへの参加者は、集落全体からみればつねに住民の一部である。参加者への情報還元と同時に、参加しなかった方々にも活動を広く知っていただくため、参加学生が発案したニューズレター『ねいひろ通信』が刊行された（4号まで刊行、図3）。これは、大学生たちが集落行事に参加したり、住民の方々と話をしたりして学んだこと、上記「大学生と遊ぼう」の実施報告のほか、根井を訪れたさいにごちそうになったもののレシピ「根井のおいしいもの図鑑」などのシリーズ記事も掲載された。集落の方への感謝を示すと同時に、若い世代にはなじみが薄くなったという地元料理への関心を集めるというねらいがあった。

　2年目の2015年度の活動は、ワークショップで抽出された課題や事業開始時に町会役員から出されていた案に沿って展開している。盆踊り

図3　学生が発行した「ねいひろ通信」第1号表紙

を復活させたいという声からおこなわれた秋田県羽後町への視察やクリーン作戦後の収穫祭バーベキューにも、これまでとはちがう住民の参加があり、なかには町会役員が「あの人は、職業柄忙しくて町会行事に顔を出したこともほとんどなかった」と驚いて言う方も、大学生が来ているということで新奇に思われ、参加したということもあった。クリスマス時季に旧根井小学校と集会所に設置したイルミネーションには多くの子どもたちが訪れた。集落に大学生が伺うことも恒例となって顔なじみの方々から歓迎され、学生も集落の方々にお会いするのを楽しみにしていた。また、根井訪問のさいには三沢市政策調整課の熊野氏・小比類巻氏が協力体勢を徹底してくださり、県庁担当の一山氏もスケジュールを調整して参加することもあった。根井の方々、市役所・県、大学の三

者構造に基づく協働が、初年度よりずっと円滑に行われるようになったといえる。

4）地域・大学の交流からの発見・創発効果

　以上でみたように、本事業のプロセスにおいては、地域－行政（県・市）－大学の三者間で次のような気づきや認識の共有・再評価といった効果があった。すなわち、①旧根井小学校が世帯間・世代間交流に果たしてきた役割の再確認、②そうした交流の機会と場の衰退への懸念が世代にかかわらず共有されているという認知（長期的課題）、③根井の集落ポテンシャルの高さの再評価（集落行事などでの機動力の高さ、根井への愛着）、④年輩者や子どもの歩行にとって危険をともなう県道や買い物の不便さなど生活環境上の問題の再確認などである。これらは、三者間での試行錯誤で本事業をすすめていくなかで、創発的にできあがってきた認識である。

　他方で、プロジェクトを通して、根井のようにまだ一定のポテンシャルを保った地域での内発的な動きを促すには、中長期的な活動実践の枠組みが必要なことも明らかになった。事業時現在、ポテンシャルを体現しているのは、この事業のさい積極的参加のみられた、町会役員などとして活躍されている60代の方々である。5〜10年先には世代交替の時期が到来するだろう。その先を担う40〜50代の方々（とくに男性）とは、戸別訪問聞き取りのわずかなケースや中間報告ワークショップに参加いただいた数名を除いて、われわれには顔が見えにくい構造になっていた。町会のメンバーである各戸代表が60代の方々であるから、この構造は必然的なのだが、旧小学校という世帯間・世代間交流の拠点がなくなった状況であれば、これはわれわれに限らず、おそらく住民の方々にとっても似たような状況だろう。筆者のうち白石は消防団の寄り合いに数回参加し、30〜60代の根井・朝日両集落の男性に接したが、30〜40代の団員は最近入団しており、消防団も世代交替の時期を近く迎

える様子であった。

　さて、先に事業を進める過程で生じた「創発的な認識」について述べたが、これは集落の方々がもつ「地域の中のまなざし」と、大学から地域を訪問するわれわれのような外来者がもつ「外部からのまなざし」が交差するなかで「地域」を見直し、考え直すことが進んだ結果としてみることができる。ワークショップなどでの顔を合わせての共同作業を通して、そうした見直し・考え直しが促進され、さまざまな課題や地域の可能性が認識されやすくなる。地域の中では当たりまえのこととして認識されているがゆえに改めて取りざたされなかったことも、外部からのまなざしを受けて話し合えば、地域内で再評価・再確認されやすくなる。外部との交流が住民に地域資源への自覚化を促すこうした効果は「交流の鏡効果」とも呼ばれているが（中塚・小田切2017）、さらに、たとえば大学（調査者）と地域（住民）という2者各々のまなざしから認識されるもの／されないもの、両者のまなざしの交差によって見いだされ

表3　地域の中のまなざし・外部からのまなざしの交差による課題・可能性発見（杉山作成）

		地域の中のまなざし	
		認識している	認識していない
外部からのまなざし	認識している	① 事前の資料収集・事前打ち合わせによって共有 例）人口減少、道路の危険性など	② 半構造化インタビュー・参与観察・他地域事例との比較によって発見 例）クリーン作戦へ高い出席率 　　二世帯同敷地居住 　　三沢市との距離
	認識していない	③ 半構造化インタビューによって発見 例）サイバタケ（自給用農業）、湧水、「昔の料理」など	④ ワークショップ（中間報告会）での協働作業によって発見 例）今の子供たちが旧根井小学校を利用、安全な遊び場がほしい、世代間交流の必要性をそれぞれの世代が感じ、望んでいる

るものを想定すると、表3の四象限図のように示すことができよう。

　①を集落点検前の状態とみるならば、このプロジェクトを通して②〜④の認識が大学・地域双方の間で進んでいったと考えられ、そこから得られた集落の現状における主な特徴は以下のように整理できる。

　まず、集落の現状認識に関すること。集落の住民は、時代背景と集落の状況の違いにより、戦前世代、現町会役員世代（おもに60代）、子育て世代（30〜40代）に分けられる。交流の頻度や行動は世代ごとの差が大きく、現時点で集落行事を支えているのは60代を中心とした層である。全世代で、世帯間・世代間交流の機会の減少を懸念する意見がある。人口減少や少子化の傾向は明らかなものの、集落内清掃（クリーン作戦）への参加率の高さ、中間ワークショップ実施への協力体制など、集落内の機動力はよく保たれている。つまり、活発に活動する住民の高齢化、農業の後継者問題は認識されている。

　次に、地域のもつ資源の活用のための課題について。旧根井小学校・神楽・湧水を活用する方法や課題が検討された。湧水は飲用に適するかどうかの検査や看板の設置など、旧根井小学校は、交流の拠点としての整備が考えられた。神楽は担い手の減少が課題としてあげられており、子ども神楽は女子も加えておこなわれるが、教える側の後継者問題が深刻だという意見がある。

　また、世帯間・世代間交流の活性化の必要が指摘された。子育て世代の住民も、子どもが安心して遊べる場所や相互交流の機会を求めている。このとき、活動の障害の1つとして再認識されたのは、集落の中央を通る県道の交通量が多く、年配者や小さな子どもが安心して出歩けない環境である。これには運転者の注意を喚起する看板の設置が対策として発案され、大学生と子どもが図案を作成し、集落内道路脇に設置された。プロジェクトを一貫して、集落内の交流の場として旧根井小学校を活用する方途を見出すこととなった。学校行事に限らず、これまで多くの地域イベントの場となってきた学校が、閉校後に集落の子どもの存在

感が薄くなってから、どうしてよいか難しい場所になっていたのかもしれない。

　ところで、表3の④は考えさせるカテゴリである。集落のことで、全住民がまるで認識していないことはほとんどないだろう。世代によって、あるいは「子育て」や「通院」のような生活の必要の視点から、他の人は注意を払わないがある人たちは見いだすものごともある。または、個々の住民がなんとなく認識していても、他の住民が認識しているかどうかは不明なこともある。それらのことがワークショップのような場でポテンシャルや課題として確認・共有される。そのような場合がこのカテゴリに該当すると考えてよいだろう。

　以上のように、調査プロジェクトである以上は表3の①および③にあたる事項が見い出されるのは当然と言えるが、プロジェクトを通していかに②（集落特性や潜在力の自覚化）を引き出していき、④（それらの共有と新たな認識の創発）にいたるかが要点であることを、われわれの側も大いに学んだ。こうした学びを通して、先述の10年後の地域ビジョン「帰ってこられる場所：根井」につながる、われわれの得た根井の集落のポテンシャルについての知見のいくつかを例示しよう。

(a) 根井のライフスタイルの自覚化とアピール

　根井は地方小都市の近郊農村であり、三沢市街地が通勤圏／お出かけ圏であることから、都市と田園地帯の双方を生活圏とするライフスタイルが可能だ。実際、同じ敷地に子ども世代が別棟を建てて住む居住形態（同居ならぬ同敷地居住）や、子ども家族は三沢市街地のアパートなどに住み、集落の親世代を週末や月に1度の頻度で訪ねるなどの2拠点型居住に近い形がみられる。これらを視野に入れれば、若い世代のUターンや地元定住化についての考え方を変えていく可能性はある。

（b）サイバタケ（菜畑）、山菜採りなど小規模な活動の再評価

　専業農家世帯は少ないものの、多くの世帯がサイバタケで自家用野菜を栽培している。ここから農の技術が継承され、農との距離は遠くないことが分かる。サイバタケや集落行事での料理などを取り仕切る女性たちの機動力も注目に価する。地域では当然のことと考えられているようだがこれも重要な資源なのである。

（c）若い世代の参加をいかに作っていくか

　例えばこのプロジェクト期間に前後して、消防団には新たに30～40代の若年世代が複数加入し（根井・朝日両集落）、例会に顔を出すようになった。全国的に消防団員の高齢化問題が指摘されるなか、世代を超えた集落に対する思いをベースにしながら、「経験を積んだ年長世代の権威」と「若年層のがんばりによる応答」のなかで、「家庭と仕事の事情」を乗り越えた若い世代の参加を可能にするあり方に留意すべきであろう。

　すでに述べたように、根井の集落としてのポテンシャルが現在のところある程度保たれていることは、県の持ち出す「人口減少、高齢化」データに対抗して「差し迫って困ることはない」と述べられる住民の現状認識から分かるように、自覚されたものだ。一方で、世代交代を見越してこのポテンシャルを再生産・維持する中長期的な活動実践の方向性は模索中、あるいは若い世代の動きを待つ状態のようだ。そうした状況のなか、上の（a）～（c）のような具体的な意識化をすすめることが必要だろう。

　これらはいずれも、これまでに蓄積されてきたものの見直し、集落の人びとが最近30～40代世代で歴史的に積み重ねてきた経験から導き出されること、ないしそのバリエーションである。例えば、ライフコースと居住のパターンはすでに60代前後の人々の代まででですでに出尽くし

ている。すなわち、根井に住居をもち三沢市街地に通勤するパターンあるいはその反対（2拠点居住）、根井に住居をもち県外へ出稼ぎするパターン、1度根井から出て首都圏などで勤務ののち、帰郷し農業を始める（Uターン）、あるいは市街に勤める（UターンあるいはJターン）パターンなどである。また、世代交替のあり方についても、おそらく同様のパターンがこれまで繰り返されてきた。「差し迫って困ったことはない」「これまでも人口は減っている」という認識はこうした世代を越えた経験の蓄積からきていると考えられよう。これらを再確認しながら、10年後の課題への具体的対処のあり方を、地域に暮らす者どうしがお互いの顔を浮かべながら想像していくことが重要だろう。

5）残された課題および教訓

　以上で、まず（1）世帯間・世代間交流拠点として旧根井小学校を活用し、そこでイベントだけではなく日常的に集落の人が立ち寄れる場をつくり、維持すること、（2）根井のもつポテンシャルを自覚化し、世代交替を見越したそれらの再生産・維持のあり方を共有する、という2つの大きな指針にたどり着くまでのプロジェクトの経過が示された。これらを持続的取り組みにしていく仕組みづくりは、2カ年のプロジェクト期間中には未了である。

　例えば、旧根井小学校の活用には、小川原湖自然楽校の活動との調整や建物の共同管理のしかたなどに懸案が残る。校庭の草刈り、体育館の掃除等、子どもたちが安全に遊べる環境整備など、集落内部からの動きがあれば良いが、それには他地域での実践例やノウハウ、そうした地域の若い世代との交流などによるさらなる情報の集積が必要かもしれない。通常の行政事業では期間が2〜3年間のように短く限定されるので、長期的視野に立った「集落経営」を軌道に乗せるまでに到達するのは容易でなく、前事業からスムースに接続・移行可能な後継事業を企画する工夫も必要だろう。

本節での取り組みの最大の成果は、なにより最初期において戸別訪問の聞き取り調査をおこない、多くの協力を得たことにある。年輩者の多い地域の人びととの交流において、その孫世代にあたる大学生が活躍することは多くの例でみられることだ。本事業では、社会調査の手法を習得した学生による聞き取りがあり、それによって得た基礎的情報を踏まえた学生たち自身の地域への理解の第一歩があった。聞き取りの場では、形式的な質問と回答ばかりではなく、住民と学生との会話があり、こうしたアプローチの延長線上にあるワークショップの開催は効果的であったと考える。またそうした学生が継続的に地域に関わり、たとえばその集落を対象にした卒業研究に取り組むなどの例が出てくれば、大学（教員・学生）と地域との関わりの1つのあり方として、研究・教育・実践の各側面からみても有効だろう。

　本節事例の最後に、困難だった2つの点についての教訓を書き留めておこう。第1は、事業においてめざすゴールや大学の役割が地域の方々にとって明確ではない点についてである。「人類学」は、たとえば農学や工学のような専門的知識や技術をもって充てがい、地域の抱える問題を解決する類いの分かりやすい「支援」を目的としていない。地域の現状を把握し、住民の方々を通して課題を把握することを目的とし、実践内容は住民と交流し会話を重ねるなかで地域の経験を掘り起こし、価値を確認・再発見・共有していき、10年先の地域を見通してみるという「長い対話」を続けるということだった。これは、ほとんどの人類学者が調査地と結ぶ関係にも等しいが、相手の地域にとって決して分かりやすい「事業経過」ではない。その意味でも、中間報告ワークショップのような大学側・地域の側双方の認識の確認や共有の場が重要となるし、取り組みを通した小さな気づき・小さな変化にも注意し、機会を作って確認・共有すべきなのである。

　第2は、事業に取り組む地域の範囲についてである。前述の通り、本節での取り組みは県公募に応募した根井集落を対象とするものとして始

まったが、交流拠点に旧根井小学校を活用する方向が予想できた時点で、同じ旧小学校区内であった隣接の朝日集落も対象範囲に含めるべきであった。実際の生活では、両集落の相互のつきあいは深く、複数の神楽の舞手が朝日集落在住であること、消防団は合同であることなど、根井1つの集落だけで完結できない広がりをもつ。事前の調査等を通じて、直接の対象とする「地域」の単位を柔軟に設定できるとより効果的な実践が可能になる場合だったと言えよう。

（3）下北地域における地域経営事業評価

1）調査プロジェクトの概要

　この節では、2016年度に実施された地域経営事業評価において、筆者が担当した下北地域の調査内容とそれにもとづいた考察とを述べていく。下北地域（むつ市、東通村、大間町、佐井村、風間浦村）は漁業がさかんな地区が多く、従事者の高齢化傾向がみられるものの、現在でも地域の基幹的産業は漁業である。経営体数でみれば東北では岩手・秋田・青森3県が多く、青森県は2011年東日本大震災以後、経営体数において他2県より卓越することとなった。2013年漁業センサスにおける海面漁業経営体数は青森県4,501、岩手県3,365、宮城県2,311であり、青森県のうち下北地域の経営体は2,032である。

　下北地域での地域経営事業の実施特徴を概観しよう。地域内で事業対象となっている地域経営体数は31、市町村別ではむつ市が最大の16、次いで東通村が9、佐井村3、大間町2、風間浦村1となっている（2016年4月）。類型別にみれば、JA主体型に分類される経営体はどの市町村にもない。そのほかのタイプは特徴ある分布を示す。むつ市はこのなかでもっとも広域であり、むつ・川内・大畑・脇野沢の4地区をふくむ。企業的経営型経営体があるのはむつ市だけで、このなかには漁業のほかに、酪農や2つのワイナリーを含む特徴的な構成となっており、気候特性を生かしたローカルブランド立ち上げの先端的試みがなされている

ケースである。集落営農型は東通村にしかみられない。東通村は、この事業への関わりかたとしては個別営農の組織化や集落営農の法人化に注力しているケースである。

　全体を見渡して、経営体の数がもっとも集中しているのが都市－農村交流型であり、どの市町村にも分布している。他のタイプに比べ、このタイプは小規模だが女性と高齢者をふくむ多様なアクターを擁した従事者をもつ経営体で構成されると考えられ、その意味で地域経営の下支えをする重要な経営体タイプである。本調査ではとくにこの都市－農村交流型に注目し、現地視察をおこなっている。

　調査は、下北地域県民局および各市町村担当者へのヒアリングをおこなったあと、一部の地域経営体を視察し、マネジメント部会や研修会へのオブザーバー参加や、経営体メンバーや住民へのヒアリングもおこなった（表4）。県民局および各市町村役場からは、関係の会議資料等の提供も得た。

　担当者へのヒアリングから明らかになったことは、（1）各地区（現市

表4　調査の概要（下北地域　地域経営事業評価、2016年度）

調査日	調査地	調査内容
2016年5月27日	下北地域県民局（むつ市） むつ市役所 東通村役場	事業実施概要ヒアリング
2016年5月28日	風間浦村、佐井村	地域経営体視察
2016年5月29日	風間浦村	地域経営体視察
2016年5月30日	大間町総合開発センター 大間町役場 佐井村役場	マネジメント部会オブザーバー
		事業実施概要ヒアリング
2016年7月1日	風間浦村	地域経営体視察
2016年7月2日	風間浦村	地域経営体ヒアリング、研修会オブザーバー
2016年7月16日	風間浦村	地域経営体ヒアリング
2017年2月16日	下北地域県民局（むつ市）	事業実施概要ヒアリング
2017年2月17日	風間浦村役場	事業実施概要ヒアリング
2017年2月18日	風間浦村	地域住民ヒアリング

町村別においても合併前旧村や集落のレベルにおいても）の特性を活かした取り組みがやりやすいという点と、しかしながら（2）発展段階と「地域経営」というコンセプトのイメージが共有されにくいという点、（3）各市町村がマネジメント部会を実施しているが、まだこれが十全に機能しているかどうかは不明という点だ。また、県民局や役場内では農林と水産を扱う部局が分かれており、連携して事業に取り組むのがやや困難な部分があるという実情も伺えた。

　まず（1）について。水産・畜産・野菜などの生産・加工・販売、伝統食や新規特産品・加工品などの開発といった地区ごとの特色ある活動が、下北地域全体で取り組みのバラエティを増しており、これは強みであろう。地区によっては、たとえばむつ市の複数の地域経営体のように、「ヨーロッパ」をキーワードに、海洋性気候を活かした酪農・乳製品とワイン生産に従事する複数の経営体が連携し、ブランドイメージの形成に取り組んでいる例もある。一方で、市町村全体、下北地域全体のブランドイメージを着想することは、このバラエティの幅ゆえに容易ではない。重要なのは、地区や下北地域全体の統一ブランドイメージを強引に形成するということよりも、全体のバラエティの幅広さを地域内のすべての経営体が共有し、そのなかでの各々の特色と下北地域全体のバラエティとを合わせてどう発信するかを考えていくことだろう（そうしたイメージやアイデア形成の場として、マネジメント部会は機能しうる）。

　次に（2）について。地域経営体メンバーの方々は、それぞれ自らの取り組みの発展に注力しており、基本的に、現状経営に少しずつ上乗せ・拡大していくことを見通すようだ。取り組み内容や範囲の拡大を試みている地域経営体もあるものの、規模やタイプのちがった経営体どうしの連携までは考えにくい状況でもある。よって、発展段階の最終目的である「地域経営」となると、地域についてなにをやればよいのかよくわからない、地域貢献と目下の自らの経営体の取り組みとの関連がいまひとつ分からない、という声もある。これは単経営体の発展段階の上に

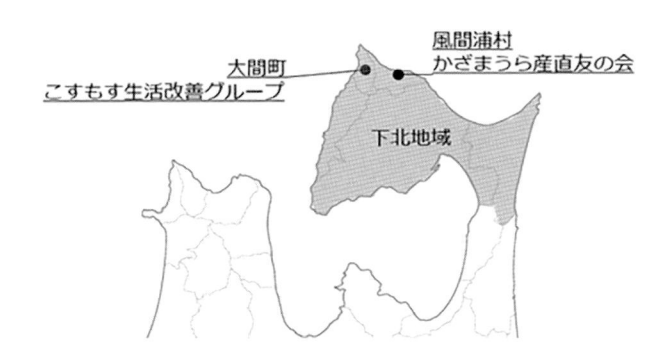

図4 下北地域における2つの「小さな地域経営体」

地域貢献のような課題があるかのようにイメージされており、複数の経営体が地域の各アクターのなかで結節点や交流点となるようなネットワーク形成がイメージされていないからだろう。

　最後に（3）について。ほとんどの地域経営体は、年間2〜3回程度のマネジメント部会やそのほか研修会などを開催しており、地道に実績を積んでいる。ただ、マネジメント部会自体の目的や意義がどこまで共有されているかは不明である。マネジメント部会はもともと、事業についての諸決定においてボトムアップ型の意思決定を制度的に支えるものとして、あるいは「地域経営」を経営体に直接関わらない若手や女性、農・漁業者以外の人材などの新規参加者にオープン化する仕掛けとして機能する企図で設けられたものだが、この本来の機能を発揮させるべく、さらなるはたらきかけや仕掛けが必要だろう。

　以上に述べたことを顧みれば、下北地域では特徴ある取り組み（むつ市都市－農村交流型）や堅実な取り組み（東通村）がすすめられている地区がある一方で、すべての市町村で取り組まれている都市－農村交流型の、女性や高齢者を含んで構成される小さな地域経営体が、地域経営を下支え・底上げしていくという全体像がみえてくる（図4）。

2) 小さな地域経営体の持続に関する課題：2つの活動事例から（図4）

　上記のような「小さな地域経営体」の持続的活動のための課題にはどのようなものがあるだろうか。これを明らかにするため、以下では2つの事例からみてみよう。

　第1の事例は、風間浦村の地域経営体「かざまうら産直友の会」（産地直売所「ふのりちゃん」運営、床面積36平方メートル）の事例である。

　海峡沿岸の国道沿いに位置する直売所は、コンブ、ワカメ、フノリ、ヒジキそのほかの海藻乾物類を中心とした商品を揃えている（図5）。都市－農村交

図5　産地直売所「ふのりちゃん」の商品

流型経営体の発展段階は、第1段階（農村女性組織、加工グループ）、第2段階（組織企業化、事業多角化）、第3段階（総合拠点交流化）、第4段階（地域全体で外貨獲得）となっている（2段階以降が「地域経営体」）。かざまうら産直友の会は、初年度から次年度にあたる2013〜14年度には発展段階1に留まり、3年目の2015年度より段階は2に進んでおり、2016年度におこなわれた本調査によれば、第3段階の総合交流拠点化につながる取り組みも十分おこなわれている。

　2013年5月の直売所の開所時には、産直友の会の会員数は18名だった。このうち会員の年齢層は最若手の50代が2〜3名、ほかの会員は60〜70代だった。しかし、こののち2015年度までに会員数は12名となり、2016年度に入る段階でさらに2名が退会した。しかも、このときの退会者のうち1名は50代の若手会員のうちの1名であり、残ったメンバーのなかで50代会員は1名のみとなった。この会員数減少については、その後の活動の機動力低下を不安視する会員も多かったとい

う。友の会の活動にとって重要なのは、単純に人数だけではない。労力と時間を割ける人員がどれだけいるかが問題なのである。また、体力面や、パソコンによる作業への適応能力などは若手会員のほうが優れているので、若手会員の退会は痛手だ。

　直売所の主力商品である海藻乾物類は、出荷者（会員）各自が熱シーリング器械を用いて自宅でパッケージングをおこない（別途購入した乾燥剤も同封）、産地、生産者、加工者など商品情報の表示シールと直売所の商標シールとを貼付し、自動車で直売店舗まで出荷する。どの商品もていねいに包装されており、会独自に作成された「ふのりちゃん」商標シールは直売所のブランド統一性をよく演出している。この出荷までの自宅作業のプロセスも、高齢になると体力的につらくなることがあるという。

　さらに大きい懸念事項は、店舗と商品の管理の問題だ。沿岸漁業に従事する漁家の多い風間浦村では、直売所の営業時季である4月から11月に、男性も女性も家業である漁の繁忙期が重なる（図6）。とくにコンブは夫婦ともども・一家総出の作業が必要となる。店舗には会計役がひと

図6　女性たちによるフノリ採り（風間浦村）

り（毎日）とその補佐役ひとり（輪番）がいるが、この店番が果たす役割が会計のほか検品、商品陳列調整、店内掃除に加えて客の注文に応じた「布海苔そば」調理などであり、開店時に常駐する会計役の負担（感）は大きいようだ。この役を担うことが期待されたのは若手会員だったのであり、直売所運営のために1名でも新規若手会員を確保することが、

喫緊の課題として浮上した。

　一方、品質管理・特産品開発に対する会員の意識は高く、少人数ながら通常販売のほか隔月で店舗外敷地で昆布巻きなど会員手製の料理を販売するイベント「ふのりちゃん祭り」を開催するといった営業努力も重ねてきた。外部講師を招いた研修を年10回以上開催し（2016年度は計15回）、昆布巻きの特産品化や売り場・商品改良、そして会員増のための対策などを話し合っており、こうした研修での学びが日常的な店舗運営やイベント開催にじゅうぶん活用されている。昆布巻きは鰊をコンブで巻いて煮しめた郷土食だが、銅鍋で調理されているため、完成品はよく味が染みているのだが昆布が黒くならず美しく深いグリーンの色合いである。この昆布巻きを隣町の大間町のスーパーに出荷し、売り上げを会の収入にするという計画が実施された（ひと鍋で約100本でき、2015年度は約3,000本を出荷）。また、店舗の主力商品である乾燥乾物類3種を「みそ汁の具」としてワンパック商品化し、販売している（2016年度）。

　ヒアリングのため直売所を訪問し2〜3時間滞在したおり、聞き取りをしながら店の様子をうかがった。滞在時（週末）には5〜6組の来客があり、うち過半数はリピーター、なかには県外から遠出してきている客もいた。客は例外なく海藻乾物の調理法等を会員（会計役・補佐）に尋ねてきて、会員はそれに丁寧に応えていた。夫婦連れの客の場合は女性客が熱心に説明を聞く。加えて、購入客にはオリジナルメニューを掲載した「海藻レシピブック」も配布しており、人気だという。地域住民も客として来店したり（昼食時に布海苔そばを食べにくる人もいる）、会員とおしゃべりを交わしに立ち寄ったりする。出荷で店舗に顔を出した会員は、店番の会員と出荷状況や売れ行きなどの情報共有をはかるだけなく、漁のこと、畑のことや住民の近況等の世間話もする。そんな場面で来客があると、会員であろうがなかろうが、そのとき店に居る者みなが客の質問に応えている。農村−都市交流だけでなく、住民どうし

の交流の場としての機能も果たしていると感じた。

　会員の大部分は、5年後には70代に達する。そうしたなかでの先述のような会員減少（とくに若手会員2人→1人）をふまえ、対策も話し合われた。研修会では講師と会員との1対1面談が行われ、その後に検討されたのは会計役への負担（感）を軽減するための業務分担の明確化であり、この効果は今後の結果を待つしかない。新規会員の増加については、具体的な方途を見出すことが容易ではない。上記の会計役を雇用口として用意できれば30〜40代の新規会員を募ることも可能だが、昆布巻きなど特産品の売り上げなど会の独自収入では、実現にはまだ遠く及ばない。他の特産品開発やさらなる増産・販路開拓、たとえば真空パックの導入によって昆布巻きの量産多売（冬季休業期間もストックを出荷など）に踏み切るなどの方策がありうることは研修会で学んでいるが、現実にその路線にすすむのかどうかは、2017年現在、会員も思案している段階かと思う。

　また、かりに30代の新規会員が店番をしても海藻についての知識や調理経験がじゅうぶんでないため、来客に説明できるかという懸念をもつ会員もいた。これは現在の直売所の強みをよく把握している意見だが、店内の掲示や前出のレシピなどそれを補う仕掛けはすでに会員自身が設けているし、なにより会員どうしの教え合いで後継を育てていくことはじゅうぶん可能かと思われる。他方、30〜40代の人ならば体力面では問題なく、かつ現在比較的手薄な広報も、webサイト作成と運営やFacebookアカウント作成と内容更新などなら現会員よりも手軽にできるだろう。年齢層の違った新規会員を迎えることは、会員どうしの固定した人間関係を更新する効果も期待できる。

　第2の事例は、大間町の都市－農村交流型地域経営体「こすもす生活改善グループ」である。この経営体も持続的活動については、前出の第1の事例と同様に人員確保の課題を抱えていた。メンバーの多くが70代の女性であり、新規メンバーの参入を促したいが、なかなか参入希望

者はみあたらないということだった。2015年度初頭には発展段階は1とされ、2016年度初頭は経営体の一覧表には登場していない。

　このグループは郷土食である「ベコ餅」の普及と製法継承がおもな活動内容である。ベコ餅は、大間町を舞台にしたNHK連続テレビ小説『私の青空』（2000年放映）により、郷土食として全国区で知られた。かれらの取り組みは、ベコ餅をひとりでも多くの人に知ってもらい、製法を身につけた後継者を増やしていくことである。活動拠点である大間町内の奥戸（おこっぺ）地区の小中学校ではベコ餅教室が開催されており、高校入学段階で大間町から他出する女子も、ベコ餅の作り方を学んでから出て行く。

　しかし、多くの郷土食の普及と継承との両立にはジレンマがともなう。この場合もその例外ではない。まず、それぞれの集落や家によって製法・味の傾向のちがいがある。ベコ餅のように「大間の郷土食」として有名になったものでも、細部には多様さを宿しているのであり、作り手にこだわりがある。このことから、たとえば「奥戸の」ベコ餅という独自性を表明した売りかたをしたいという作り手のこだわりを尊重し、かつ大間町の郷土食として売り出していくにはどうすればよいかというジレンマが生じる。

　また、郷土食には個々の作り手どうしがその創意工夫や技芸を競い合う楽しさもあるだろう。その意味で、誰でも作れるものばかりではないし、そもそも他人と同じものを作ろうとしているわけではない。場合によっては製法は誰にでも教えてよいものでもないかもしれない。こうした側面とよりひろい一般への普及・継承との折り合いをどうつけるかというジレンマも生じる。「こすもす」の取り組みを聞いたなかで、巧者の製法を伝承するためにDVDを作成したが、それは会員のみ閲覧可能であり門外不出となったという挿話は、このジレンマをものがたる。これについては、ベコ餅教室などの普及の場ではシンプルな絵柄のもので練習し（そもそもそのほうが初心者には学びやすい）、より技巧をこら

さねばならない絵柄のものについては商品にはするが製法は公表しない、という使い分け戦略を採っているという。こうした苦心の戦略は、これまでにほぼ日常化していた自分たちの郷土食のあり方についての自覚化を促す。これは、観光や加工物を含む名産品の創出に必ずついて回るプロセスなのである。

　地域経営体であるグループの中心メンバーの高齢化にともない、参入希望者（後継メンバー）不足が問題となるが、これも上記のジレンマと無縁ではない。自分の創意工夫を発揮し、普及・伝承活動に取り組みたい作り手にとっては、秘伝的知識を共有する既存の集団にわざわざ門を叩いて入るというやり方とは別に、自分の製法や知識を発揮できそうな新たなグループを立ち上げるというやり方があるからだ。そして、「ベコ餅」のような同地域の1つの郷土食に対して、地域内の複数の地区から別グループが立ち上がったり、同じ地区のなかも複数グループがあることは、地域食文化の維持のためには重要なことだろう。同一規格品の量産多売の体制作りのみが追求されるべきではない。このような同じ取り組み内容の別経営体の立ち上げをも促し、それを認めていく可能性も事業の射程に入れた方がよい。郷土食「ベコ餅」の保存という取り組みについては単一経営体への支援しか行政が認めない、ということになれば、その支援体制が地域活動をある種のジリ貧に追い込むというリスクも考えられる。

3）マネジメント部会

　マネジメント部会については、ボトムアップ型の意思決定、地域経営の場のオープン化という意義・目的がもう少し共有されてよい。各市町村の会議結果報告書をみる限りは、専門家を迎えて為になる講演を聞く（聞いて終わり）という旧来の構図は、まだあまり変わっていないようにみえるが、ファシリテーターを導入したマネジメント部会にオブザーバー参加してみれば、変化の兆しは大いにみられる。

役所と地域経営体メンバーの方々だけの会議であれば、予算使用に関する確認が主でそれ以上のものは出にくい。専門家を講師として招いた講演会であれば聞いて終わり。ファシリテーターはファシリテーターでも講演者でもなく、参加者に話を振る・宿題を振る・思いを聞き出すなどの場回しと、参加者から出された個別具体的な提案や質問に応ずる専門的な知見の提供に徹する。こうすることによって、各経営体が実際にかれらのプロジェクトを進めながら、超えるべき現実的な課題を意識し乗り越えていく方策を考える動きが作れる。

　著者のひとりである白石が大間町のマネジメント部会にオブザーバー参加した際、ファシリテーターは前回の宿題への取り組み状況などの確認を経営体の方々と済ませたあと、予想外にも、白石に「外部者」の立場からの意見やアイデアを述べるよう振ってきた。白石は大間町にも町づくりにも専門的な知見を持たないが、敢えてしろうととしてそれまでのやりとりを聞いて思ったことを述べ、経営体活動状況について率直に質問し、経営体の方々との意見交換の口火を切る形となった。

　先の意義・目的を言い換えるなら、参加者にとってマネジメント部会は「思いやアイデアを計画化して共有する場」となるべきだし、「新規参加者を巻き込みながら地域の未来について自由に話せる場」となるべきだ。地区によって多少の差はあるようだが、効果的な開催をなし得ているところでは、前者の機能はおおむね備えている。しかし後者、つまり経営体の外部、あるいはより広く農林漁業の他の地域人材の新規参加がまだじゅうぶんではないように見受けられる。こうしたオープン化のための仕掛けもふくめ、マネジメント部会で話し合う余裕は現時点ではないかもしれない。多少乱暴かもしれないが、たとえば参加地域経営体のメンバーの半分が、誰でもいい（家族や中学生の孫でもいい）ので次回の部会にひとり連れてくることを「ゲームのルール」のように共有すれば、新規参加者を増やすきっかけになる。

　とくに、先に掲げた2つの事例のような都市－農村交流型地域経営体

や小規模な地域経営体の活動については、非経営体メンバーの人も加わって思いやアイデアを計画化し、実施するハードルも比較的低い。大規模のものに比べれば経済効果こそ小さいが、地域経営を考える場づくりにはむしろ活かせるアイデア・議論の素材が多くあるように思う。

4）小規模活動の持続性とその評価

　以上、短期調査に限られたので、どこまで本来の人類学の知見として提出できるかは心もとないが、少なくとも今後の展開の参考になるヒントはいくつか提供できたのではないかと思う。以下にそれらをまとめてみよう。

　今回の調査を通して、われわれがこれからの地域経営の取り組みについて提言したいことは、以下の2点である。

(A) 小規模活動の持続性について：①長期持続につながるアイデア出し（経営の規模・範囲の拡大路線だけではなく無理のない持続路線につながるものも）および②持続性についての評価をすべきである。

(B) マネジメント部会について：本来の意義・目的に沿った場作りをすすめるため、新規参加者が気軽に参入できる「人材発掘と巻き込みの具体案」を考えるべきである。

　説明を加えよう。まず (A) について。現時点で各地域経営体の活動意思決定やアイデア出しは、研修会やマネジメント部会のなかで、可能な範囲内で発展的なものを実施するという形になっている。だが、拡大路線が前提に置かれると経営体メンバーが疲弊し、活動が崩壊するリスクもある。第1の事例（直売所友の会）の研修会で、講師と経営体メンバーとの1対1面接を設定したのは、そうしたリスクに対する慎重な取り組みとして高く評価できるだろう（2017年に50歳台の新会員が1名加入した）。

　一方で、無理のない持続路線につながるアイデアを出していくことも重要だ。第1の事例ならば、会計役を務めることができる新規会員が2

～3人に増えるまでは、営業日を減らして週末や休日を含む週3日にする、あるいは平日は午後時間帯のみに営業時間を短縮するなどが考えられる。また、もし可能ならば時間外に利用できるスクールバスやコミュニティバスなどを集荷車として利用し、これまで出荷に参加できなかった高齢者を再び参加できるようにする、なども考えられるだろう。

県事業の現行の評価項目はどのタイプに関しても、経営体の事業範囲が拡大し地域経営へとつながっていくという理念図式が前提として置かれている。ただし、これは必ずしも経営体の売り上げ拡大やメンバー増員のみを意味していない。すでに述べたように、2つの事例でとりあげたような小規模経営体が増員しながら売り上げを伸ばしていくという単経営体拡大路線は無理があるし、目指されるべきでもない。持続的な取り組みが重要であり、そのなかで地域経営のための1つの交流拠点としていくつかの場が中長期的に育っていくことが重要なのだ。

もっと小規模な経営体の持続的活動を評価していくべきかと思う。かりに第1の事例の直売所が「総合的な活動拠点」として発展段階3の評価を得たとしても、そこからさらに段階4（地域全体で外貨獲得）に至るまで経営体そのほかのアクターどうしをつなぐ結節点に成長する動きを作ることが10人の人員で可能かといえば、それは難しいのではないだろうか。できる範囲では、持続的な活動によって現在の交流の場としての機能を維持することが最大のものだろう。つまり、売り上げや人員の拡大、活動範囲の拡大が前年度比で変化がなくとも、3年、5年のあいだ活動と場を維持するということ自体、評価されるべきことではないかと考える。

次に（B）について。マネジメント部会に外部ファシリテーターを活用した効果が大きかったことはすでに確認した。この先は、部会の集まりの場が将来的な地域経営に参与する人材の発掘と巻き込みの場となること、普段は異なる場で活躍する人どうしの「横つなぎ」を促進する場となることに重点を置くべきだと考える。もちろんこれまでどおり、経

営体が外部ファシリテーターと集中的に議論・事業検討する回もあっていいが、それ以外につながりを広げる回もあってよい。ネットワーキング自体を部会の話題にし、(経営体ではない)地域の団体や集団とその活動内容を挙げていく。たとえば、活動範囲の拡大を検討している公民館がPTAと連携した共催企画を地域経営体と企画するなどの「横つなぎ」の動きができるかもしれない。

(4) 議論：住民が〈外部〉と交流し地域を考えること

　この章でこれまで述べてきた大学－地域が協働する2つの事業の内容からみえてきた大学と地域との関係のあり方について、議論とまとめを試みよう。従来、地域にとっての大学は、(農学・工学に代表される)専門的知識を供与して地域のニーズや問題に手当てする、専門機関としての存在だった(中塚・小田切(2017)の言う産学連携型)。小さな社会の観察をとおして近い未来を見通すということが、この章の冒頭で述べた「人類学の挑戦」だが、それは専門知識の供与によって「課題対処」のアクションを促すというものとは性質がやや異なる。いわば外部のしろうととして地域社会をみながら、住民に「課題把握」を促し、自覚化や戦略化を促す存在、行政とは異なるかたちで地域と(そしてもちろん行政とも)協働する存在として、大学を位置づけてみたい。それは、われわれ自身の関わり方をここで「自覚化」しておくことにもなるだろう。

　まず第1に、従来のごとく県や市町村と地域住民が地域活性化に取り組む場合と比べ、大学が事業のなりゆきや効果についての調査や評価に加わることによって、新しいなにが見えてくるかということについてだ。開発人類学研究の鈴木紀(2008)の議論するように、人類学者がみることができるのは、行政に代表される地域開発の設計者の設計枠組みから外れる効果(期待されざる効果)の部分についてである。これには、短期的には好もしいとも好ましくないとも評価の難しいさまざまのプロジェクトの「影響」もふくまれる。海外農村開発援助も日本国内の

地域活性化も、プロジェクトの効果として設計者（行政）の設計枠組みから外れた事態はかならず生じるが、通常これについて設計者自身は評価しがたい。プロジェクトの影響や効果のみならず、そもそもの地域社会の初期条件の理解についても似たようなことが言える。プロジェクトの設計枠組みに入っていない地域の初期条件、つまり地域社会在来の潜在的要因がプロジェクトによい帰結（この帰結も枠組み内のものと外のものとがある）をもたらすこともある。こうした設計枠組み外で生起するものごともにらみながら事業のなりゆきを把握することは、人類学のみならず社会調査（大学）の役目だろう。

　設計枠組みに入らないこうした地域のものごとは、当然のことながら地域の方々の生活世界や世代を超えた経験の蓄積のなかには存在するのである。そして、すでに（2）節の3）の表3でみたように、そのなかに発見され、再評価・再確認され、新たな位置づけを得て地域のポテンシャルの維持・再生産に貢献していくものもある。

　第2は、地域と〈外部〉とのエージェント（仲介者）となるよそ者、半よそ者という存在の与える効果についてだ。このことについてのモデルを提供するのが、アフリカ農村社会を研究した掛谷誠（2017、2018）の「変わり者」あるいは「境界人（マージナル・マン）」についての議論だ。かれは農村開発と社会変化を理解するうえで、「平準化Ⅰ→先進事例の出現→内因熟成→平準化Ⅱ→社会変化」と要約できるモデルを提示し、先進事例をもたらす変わり者の役割と、その影響の広がり方に着目した。他のメンバーより突出することが忌避される小社会においては、資源配分の平準化が社会的な相互圧力によって達成される（平準化Ⅰ）。ここでは平準化は社会変化を抑え、均衡を促進すべく機能する。そうした小社会に〈外部〉滞在経験のある者など、ごく少数のある種の変わり者がなんらかの新しい試みを持ち込む。すると、ただちにおおぜいのフォロワーは現れないが、新しい試みの成り行きを周囲は見守る。試みがある程度の成功を収めれば、出稼ぎ経験者など地域の〈外部〉を

経験した若者や壮年世代を中心に一部のフォロワーが現れる。こうして新たな試みの意味や成果を周囲の多くが理解し、試みが普及する社会内因が熟成すると、平準化圧力はこんどはより広い社会変化にドライブをかけるべく機能する（平準化Ⅱ）、というわけである。新たな地方政策や地域の人口構造の変化などは、それらによって人びとの生活や人生が規定されていく「外因」だ。この「外因」へのなんらかの対応がもとめられるときに、変わり者やそのフォロワーたちの実践が広がりを見せ始め、変化の「内因」が熟成していれば、地域社会は大きく変わっていく。ここで言う変わり者は、現代の地域社会においては非常に多様である。地域社会での具体的な存在としては、いわゆるUターン・Iターン者、出稼ぎ経験者、あるいは婚姻により転入した女性、2拠点居住者などの存在が挙げられるだろう。

　地域社会の〈外部〉と〈内部〉との経験を踏まえて両者に橋を架け、その社会のもつポテンシャルの自覚化を促し、社会変化を誘発するような存在を、地域への根ざし方や責任の持ち方の度合いによって、よそ者、半よそ者のように呼ぶことができる（同じ人がよそ者→半よそ者とポジションを移行することもありうる）。上で述べた「変わり者」は、地域住民のなかにいる半よそ者のひとつの具体例だろう。本章で言えば、よそ者にあたるのは言うまでもなく大学（調査者、学生）や行政である。あるいは、（2）の集落点検事業では、三沢市の職員が小中学生時代に根井の友人とつきあいがあったことから地域の方々にも顔が知られているという場合もあった。このような事例を考えれば、市町村職員も「半よそ者」となる場合だってあるだろう。よそ者である大学や行政は、地域への働きかけを考えるさい、この半よそ者に働きかける、というアプローチはありえるだろう。かれら半よそ者が地域のさまざまな活動に参加者として参加しうる状況をつくり、かれらのだれが、地域社会の変化にどのような役割を果たしうるかを意識したうえで、地域の活動に組み込んでいくようなプロジェクト・デザインの研究が必要なのではないだ

ろうか（杉山 2017）。

　第3は、住民が地域のことを考えることとそのための場の重要さであり、本章の例では（2）節の2）でのワークショップや（3）節の3）でのマネジメント部会に代表される。ここには、先に述べたよそ者や半よそ者が参加できる仕組みがもっとあってもよい。つまり、よそ者からみたその地域という視点、半よそ者的な「地元のやり方・あり方」を知りながら相対化し評価する構え、または行政の持ち込む「正統性ある政策の設計枠組み」。これらと地域住民の、すべて自覚化し得ないじつにさまざまな「地元におけるやり方・あり方」とを、すべてフラットな関係で出し合う場となることで、こうした場は初めて社会変化の内因熟成のためのインキュベーター（孵卵器。人材育成の場の意味でも用いられることがあるが、ここでは機会を醸成する場のこと）となることができる。よそ者、つまり外部のファシリテーターや大学の調査が関わることで、アイデア出しを通して参加者に地域の状況や特性についての反省的な自覚を促す。そうした実践を積み重ねることによって、それまでの地域社会の既存の均衡状況にも、既存の類似事業の定番パターンにもいい意味で風通しをよくし、小さく地道だけれども、誰にとっても意味を見いだせる新しい取り組みの持続につなげられるのではないかと考える。

文　献

池上甲一（2000）「日本農村の変容と「20世紀システム」」『年報村落社会研究』
　　　36:7-53。
掛谷　誠（1996→2017）「焼畑農耕社会の現在：ベンバの村の10年」掛谷誠『掛谷誠著作集第1巻』京都大学学術出版会425-449。
掛谷　誠（1994→2018）「焼畑農耕社会と平準化機構」掛谷誠『掛谷誠著作集第2巻』京都大学学術出版会505-533。
白石壮一郎（2011）『文化の権利、幸福への権利』関西学院大学出版会。
------（2017）「人類学・地域研究から」、『青森県「農山漁村」地域経営事業評価・提言報告書』47-54。
白石壮一郎・近藤史・杉山祐子（2017）「地域活動ファシリテーションのアクション・

リサーチおよび教育開発」『地域未来創生センタージャーナル』3:65-70。

杉山祐子（2017）「青森の良さへの気づきを育てたい（地域づくり総合研究部門）」、2016年度地域未来創生センターフォーラム「人口減少社会における持続可能な地域づくりを考える」未公刊口頭発表資料。

杉山祐子・白石壮一郎（2016）「集落点検（三沢市根井）経過報告」『地域社会研究』9:30-36。

鈴木　紀（2008）「プロジェクトからいかに学ぶか：民族誌による教訓抽出」『国際開発研究』17(2):45-58。

中塚雅也・小田切徳美（2016）「大学地域連携の実態と課題」『農村計画学会誌』35(1):6-11。

7. 社会学の挑戦

　ここからは社会学の立場から、今回の共同研究の意義を深掘りしてゆく。序章でも触れたように、ここで掘り下げようとするのは「地域づくりに対して一歩引いているごく普通の地域において、大学が関わることによってどのようにして地域づくりが可能になるのか」という問いである。この問いは社会学という学問の根本的な視点を共有している。

　社会学といっても人によってイメージが異なるかも知れない。ただし社会学という学問が19世紀後半のヨーロッパで生まれ、ほどなくアメリカや日本に伝播していった過程を振り返ると、そこでは次のような問いが掲げられていたことがわかる。内燃機関が発明され、それを活用した大量生産の工場が次々と建ち、ほとんどの人が農村で農業を営んで暮らしてきた状態から、大都市で大組織の一員として働くようになり、家族のあり方も変わり、政治の仕組みも特定の人びとが動かすものから、できるだけ多くの人びとが参加するものへと、さまざまな現象が同時並行的に変化していった。一言でいえば、新しい環境で新しい社会が生まれていったわけである。ということは、それまでの常識や慣習などが通用しづらくなる。その時にどうやって新しいマナーやルールが作られてゆくか。それは放っておいてできるものなのか。この疑問が簡単に言えば、社会学という学問の出発点になった。

　そのように新しい環境で新しい社会が生まれる、必要とされる状況は現在でも無数に広がっている。なかでも筆者が長年関心をもってきたのは、「縁あって場所を共有した人たちが、互いにやり取りしながら、時にはいざこざも起こしつつ、話し合い、ルールを作り、一緒に何とかうまくやっていくにはどうしたらよいか」という問いである。

　ここでいう「場所」には、狭いところでは電車やバスのなかから広い

ところでは地球までさまざまな水準がある。筆者はそのうち「住まい」と「地域」に関心を持ってきた。なぜかと言えばこの2つは、さまざまな場所のなかでも、関わる人たちがたんにその場に居あわせたという以上に、その場を作ったり作り変えたりすることができるからだ。「この場でのルールはこうなっているのだから仕方がない」と諦めざるをえない「場所」も少なくない。これに対して住まいや地域は、それぞれが好ましいようにしつらえ直すことができる。

　しかし言うほど簡単ではない。特に「地域」の場合、「地域づくり」というと何か大事のように感じられるものの、どこから手をつけてよいかわからないのが実情である。「地域づくり」が生まれた背景は、平井（2017）でも触れたように、高度成長期が終わる頃、各地で経済発展のひずみとも言える公害が続発したり、農村部は過疎化に都市部は過密化に襲われたりする問題状況にあった。それをどうにかして改善すべく互いにルールを見出して守ってゆく運動が「地域づくり」と呼ばれるようになっていった。それが半世紀を経て、問題の質は公害や過疎過密から少子高齢化・人口減少、あるいは経済活動の長期停滞に変わりつつも、「地域づくり」が向き合うべき課題はかえって増えている。そのうえ20世紀末からは、それまでの公害反対運動や住民運動などでは、良し悪しはともあれ、それら対抗運動を受け止めるだけの存在感があった政府・行政機関や大企業・業界団体などが背景に退き、むしろ政府や業界団体の側から、当事者による「地域づくり」が推奨されるようになっている。つまり現代の「地域づくり」は、向き合うべき問題が増える一方、その責任が本人たちには無自覚なうちに当事者に集中するという二重の難しさを抱えている。

　この難しさは、ゼロからのルール形成を考えつづけてきた社会学にとっては、むしろ挑戦に値する状況である。そこで以下ではまず、「集落経営」研究を通じて、本当に「地域づくり」など考えたこともない人たちがゼロからどうやって活動を始めていったのかをまとめたい。そこ

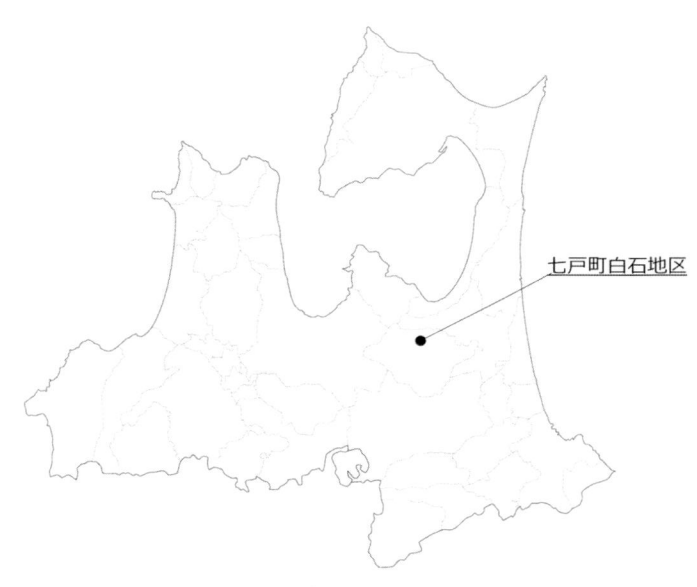

七戸町白石地区

図1　七戸町白石地区の位置

から見えてくるのは、「地域づくり」の切り口を地域のみなさん自身が納得して見定めるかが大切だということである。

　そのことがだんだんとわかってくるのと並行して行ったのが、次の「地域経営」における話し合いのお手伝いである。そこでも徐々に「地域づくり」にむけた話し合いが、どうしたら活発化していくのかが筆者なりに見えてきた。

（1）集落社会における芸能と生業という2つの切り口
1）集落点検から2つの切り口へ
最上流の集落、閉校を引き継いだ公民館

　七戸町（旧天間林村）白石地区（図1）は、八甲田山麓を水源とし小川原湖で太平洋に注ぐ坪川流域の最上流に位置し、115世帯、439人が暮らす（2014年現在）。地区は上原子・原子・白石・白金・栗ノ木沢

の5集落からなり、1990年代に土地改良が行なわれた耕地で水稲やナガイモ、ニンニクなどが生産されている。1981年までは地区で白石小学校を擁し、跡地には、公民館法と条例に根拠をもつ「条例公民館」として、七戸町中央公民館白石分館が建てられた。今回の集落経営再生・活性化事業に応募したのは、この白石分館であった。

　応募書類には、地区内の上原子剣舞などの伝統芸能が継承の危機に瀕していることが触れられている一方、公民館活動を含む地区全体の共同活動が不活発になっていること、集落間の距離が車で数分ほどと離れていることから、まずは伝統芸能という手がかりがはっきりしている上原子地区をモデルとして集落点検を行い、その結果を地区全体で共有してゆくこととした。

若い世代のUターン

　集落点検は2014年8月、全35世帯のうち23世帯に対して聞き取りを行った。担当したのは弘前大学大学院地域社会研究科の竹ケ原公（客員研究員）、下田雄次、佐々木雅夫、張修志、太田尚子、前田健（以上、大学院博士課程）である。各世帯おおむね1時間お話をうかがい、対象者は世帯主だけでなく配偶者や同居の父母、子ども、孫にもできるだけ広げて行った。聞き取り項目は標準的な集落点検（総務省2017）に準拠しつつ、「5年、10年先、この地域に何を残したいか、この地域がどうなっていてほしいか」を必ず尋ねることとした。

　点検の結果を受け2014年11月、上原子地区以外の住民も招いた中間報告会を開催した（参加者約50名）。そこで強調したのはまず大局観として、2013年から14年にかけて30代の若い世代が3組帰ってきており、コーホート変化率法（藤山2015）で独自に人口推計を行ったところでも、十分に地区の持続性は展望できることである（図2）。

　この若い世代のUターンはそれぞれ重要な典型として意味をもつものであった。1つは異なるかたちで農家経営の安定化が図られた専業2軒

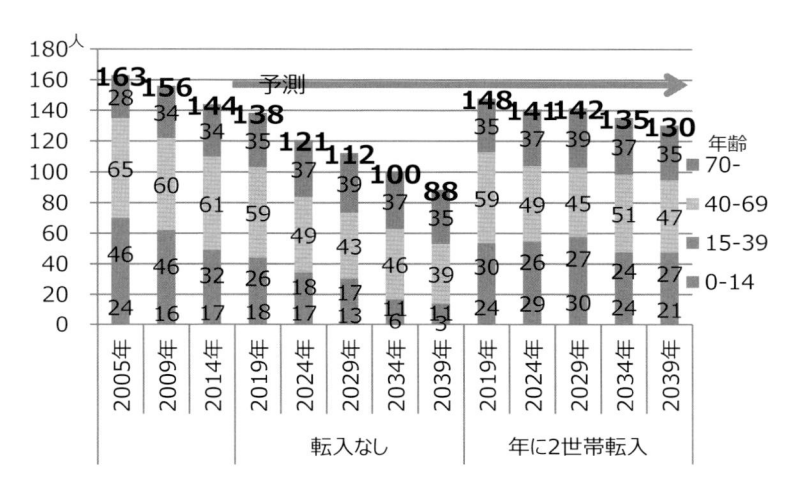

図2　上原子地区のコーホート変化率法による人口予測

　に次世代が帰ってきたものである。どちらの農家も水稲栽培から脱却し、一方は高品質な高原野菜（ブロッコリー）の付加価値づけに成功しており、もう一方は道の駅隣接の直売所でのすそ物・加工品販売が軌道に乗った農家であった。これらの成功は中期的な展望にもとづくものであり、現在国・県が進める大規模法人化や6次化路線に対しても示唆を与える。前者が「向き不向きがある」と聞き取りで話していたように、それで十分に世代的に再生産可能であるならば、農家にはそれぞれの持ち味による複数のあり方が残されてしかるべきである。

　もう1つのUターン例は、地域限定社員制度を活用したもので、家電量販店に一括採用された後、青森県内に限定した勤務形態を希望し、成績優秀のため許された事例であった。このような地域限定社員制度の採用は近年、ワークライフバランスに配慮する大企業で急速に広まっている。したがって、人口10万人程度の拠点都市に隣接していれば、闇雲に企業誘致などを行なわなくとも「通勤」というかたちで居住が可能になることを示している。ただし、この例だけでなく、先の農家の例にし

ても、たんに所得や雇用が重要であるならばＵターンが実現していなかった点に注意する必要がある。すなわち同じ所得や雇用を得るならば、出身地に戻らなくても、農業を継がなくても可能になる。彼ら彼女らのＵターンを最終的に後押ししたのが、他でもない「この地域に何を残したいのか」という思いであった。

地域に残したいもの

　報告会では点検の結果集約された「地域に残したいもの」をあらためて共有することとした。1つは上原子剣舞などの伝統芸能であり、もう1つは山や川の恵みが身近な暮らしである。この2つはＵターンしてきた若い世代にも共有されていた。

　このうち上原子剣舞は、集落の草創にかかわる伝承をもつ芸能で、襷がけに袴姿の十数名の踊り手が刀や杵などを豪快に扱う輪舞である（図3）。戦時中と1950年頃の2度、男手の激減により途絶えたものの、女性や子どもにも参加を促すことで現在まで継

図3　上原子剣舞（下田雄次撮影）

承されてきている。先のＵターンした若者もいずれも子ども時代に剣舞に参加しており、その記憶がふるさととの絆の1つにもなっていた。しかし1990年代の土地改良などがきっかけとなって自治会が分裂した結果、直近では次世代を担うべき子どもが小学生1人だけとなり、その存続が危ぶまれている。

　この剣舞の重要性については、集落点検に着手する前から公民館の担当職員や地区代表者などから話を聞いており、報告会に先立って芸能研究を専門とする下田が参与観察に着手していた。報告会ではその映像記

録などの調査成果（下田2015）も報告され、次代を担う小学生やその親から「1人では寂しい」、「以前のように自治会の分け隔てなく参加してもらいたい」といった声がその場で寄せられた。

　ただ自治会の再統合は、聞き取り調査からも容易でないことは予想され、報告会での議論も膠着した。そこで剣舞保存会の前会長（70代男性）から「盆踊りはダメだろうか」という声が寄せられ、剣舞にこだわらず幅広い芸能の復活を共同活動の手がかりとすることとした。

　もう1つの地域に残したいという声を集めていたのが山や川の恵みであった。報告会では、筆者が2013年度に手がけたむつ市（旧川内町）湯野川地区での経験を下に、山の恵み（山菜やきのこ）の暦づくりを会場全体で行ったほか、先のすそ物・加工品の販売で経営を軌道に乗せた農家の女性（50代）からその経験を積極的に発言してもらった（図4）。これを受け、すそ物や山菜などを地区で共同販売する活動例などを大学側から紹介した。

　この討議から明らかになったのは、1つには山菜やきのこのとり方や加工のし方などが、住民どうしでも意外なほどに共有されていない事実

図4　すそ物・加工品の販売で経営を軌道に乗せたご夫婦

である。互いにおすそ分けはなされているものの、いつ、どこで、どれくらい収穫されているかは十分に知られていなかった。それが共有されないうちは、共同販売なども「みな同じ時期にとっているし、量もたかが知れている」と見なされ現実味を帯びなかったが、実際に実情を分かち合ってみると、それなりに時期もずれ、ある程度の量も確保されていることがわかったのである。この手法は結城登美雄がすでに実践しているものであり（結城2009）、報告会の後、住民・行政・大学の有志で調査に赴いた秋田県でも独自な展開を見ることができた。

　もう1つは「共同販売」という具体的な活動が議論の的になると、販売所の設置や運営方法、安定した収穫や出荷の方法など具体的な課題が次々と浮かび上がり、しかもその疑問は人によって個別なものであり、それらを1つ1つ解決していかないと議論が先に進まないことであった。

　以上の報告会の成果を受け、芸能と山（と川）の恵みという2つの切り口から地区の持続性にむけた新たな共同活動を展開することに合意した。ここで言う地区の持続性とは、芸能の次世代への継承が典型的なように、世代間の交流や世代的な再生産が図られることである。これらを念頭において、芸能にかんしては下田が、山の恵みにかんしては竹ケ原が担当者となってその専門知識を惜しみなく用いた積極的な関与を行うこととし、全体を筆者が統括することとした。

ムコの活躍

　さらに、一連の共同活動を芸能は芸能、山の恵みは山の恵みとして別個に進めるのではなく、できるかぎり双方を地区全体の活動として有機的に連動させるべく、白石分館の事業として位置づけるよう働きかけを行った。幸い、分館長を務める上原子地区の50代の男性（土建業・農業）が積極的に賛同してくれたため、分館会議で組織的な合意が図られ、分館会議に参画する各地区やPTA、子ども会などの協力が少しずつ得られるようになっていった。

分館長は当初、どちらかと言えば人の前に立つふうではなかった。彼は福島県の生まれで電気工事の関係でこの地区の近くに仕事に来ていたときに、今の妻と知り合ってムコに入ったのだという。ムコゆえに役を頼まれれば断れず、引き受け手の少ない分館長を務めていた。

　ここで「ムコ」とあえてカタカナ書きしているのは、日本の村落研究の蓄積を踏まえている。これまでの研究によれば日本の村落は、たんに地理的な境界をもつ地区にとどまらない人びととの目に見えない関係の束、つまり「社会」としての性格をもつ。そのことを強調して研究上、村落はカタカナのムラと呼ばれる。そうしたムラは、疑似的なものを含む血縁によって財産が継承される関係である「イエ」を基礎的な単位としている。イエもムラと同様、目に見えない関係の束を指すのでカタカナで表記される。イエでは世襲的財産が核になって、メンバーどうしが生業や生活など幅広い面で支え合う。しかもメンバー間には長幼の序や男尊女卑の序列がある。こうした上下関係をもつ立場や役割もまた、カタカナでムコやヨメ、アニ（長子）やオジ（次三男など）などと呼ばれる。こうした目に見えない関係は、ムラを構成するイエどうしにも見られ、青森県でいうマギ（マキ）やカマドといったイエどうしのまとまりや、カマド（本家）やカマドワケ（分家）といったイエどうしの序列も、関係性を示すと同時に地域ごとに違った呼び名があることもあって、カタカナで表記される。

　では、くだんのムコがどこで変わったのだろうか。後で尋ねると、大学が来てからずっと議論を見ていて、剣舞にしても山の恵みにしても、いつもどこかイエとイエの関係や序列で、話が進まなくなっているように思われたのだという。せっかく大学が来ているのにもったいない、自分はムコだからイエとイエのことは知らないと言えば通る、そう思ったのだという。「何か大きいこともしたかったしな」。小柄で童顔な彼には似つかわしくなかったが、そうも付け加えた。

　イエとイエの関係が織りなす地域からするとムコは立場が弱く面倒な

役も押しつけられやすい。その面倒な役とは、行政機関や今回は大学といった外部との折衝役なのであり、彼がその気になれば、そうした外部と大手をふって公式に接点を作ることもでき、しかもだからと言って地域はそれを表立って責めることもできない。彼がムコに入ってからこれまで積み重ねてきた徳の大きさともおそらく相まって、このムコを核にして新たな共同活動が生まれようとしているのである。

2）芸能
盆踊りの復元

　芸能については、まず2014年12月、下田が頻繁に地区に通い、上原子地区に伝わる盆踊り「ナニャドヤラ」と「チャンコチャヤノカガ」を復元し映像記録化する作業を進めた。ここでいう「復元」とは、70代の男性女性が人により部分的に記憶している唄や踊りを、全員で集まって差異を調整し欠落を補充してゆく作業である（下田2017）。

　今回、復元対象となった「ナニャドヤラ」は、旧天間林村を1つの中心として旧南部藩領北部に広く伝わる盆踊りで、それぞれの地区地区で所作やリズムが異なる点に特徴がある。また「チャンコチャヤノカガ」は、かつての北海炭坑等で唄われた北海盆唄の俚称であり、20世紀前半に盛んだった鉱山労働をめぐる人の移動の歴史をうかがわせる。

　一連の作業には約10名ほどが参加し、冬の農閑期を利用して手作りの食事を持ち寄りながら和気藹々と進められた（図5）。復元された唄や踊りはDVD 2枚にまとめられ、上原子地区の全世帯、白石分館役員の世帯、町教育委員会などに配布された。

図5　盆踊りの練習風景（下田雄次撮影）

下田としては、剣舞にせよ盆踊りにせよ真の「復活」は、たんに映像記録に残したり舞台で上演したりするだけでなく、かつてのように日常風景のなかで住民誰もが関わったり、興じたりできる——演じる・観るだけでなく——必要があると考えていた。剣舞も1950年頃までは地区内の通りを踊り歩く門付けが行なわれていたが、近年ではもっぱら芸能大会や商業施設などの舞台で行われるようになっていた。盆踊りもまた同じ頃まではそれぞれの地区の通りで踊られていたものが、白石小学校・分館の広場でやぐらを組んで行なわれるようになり、それも2000年頃には途絶えていた。そのように人びとの日常から遠ざかることが、伝統芸能と住民との距離を生み、結果として芸能が地域においてはたしてきた「住民のつながりを保つ」働きが失われてきたと下田は考えたのである。

　下田は剣舞や盆踊りの練習に頻繁に通うなかで、丹念にこうした考えを関係者に伝えていった。結果として、盆踊りの復元を主唱した剣舞保存会前会長も、「生」の盆踊りの機会を探るようになっていった。

3つの盆踊り

　2015年4月になると剣舞保存会に対し、盆踊りの記録映像を見た町中央公民館から同館が主催する「ナニャドヤラ」の講習会で講師を務めるよう依頼が来た。また同じ時期に、町生涯学習課からも講習依頼もなされた。それは国で進める「土曜保育（通常平日の学童保育を保護者の要望に応え土曜日にも行うもの）」の一環として、伝統芸能を小学生に教授するというものであった。生涯学習課は町内のすべての伝統芸能保存会に打診したものの、唯一前向きな返答があったのが上原子だったのだという。

　双方の依頼とも、小さな地区での活動が全町的に周知された結果であった。また、それに対して盆踊りを復元した老人たちや剣舞保存会が前向きに答えたのも、今回の共同研究を機に行政機関をはじめとする外

部と連携して、これまでにない試みに足を踏み出す雰囲気が醸成されていたからであった。そして何よりこれらの依頼は、共同研究を進めるなかで隘路に感じられていた部分を打開する魅力的な提案だった。なぜなら、前者はなかなか展望できていなかった盆踊りの「生」での上演の機会につながるものであり、後者もまた子どもたちに教える機会を求めながらも作れないでいた現状を転回させうるものだったからである。

　しかし実際に中央公民館の「ナニャドヤラ」講習会に出向き披露すると、「上原子のものは（旧天間林村の）標準的なものと違う」ことが明らかになった。現在では、標準的なものが普及していた。そのため、上原子の女性が指導するかたちの講習会を続けることが難しくなったという。元来「ナニャドヤラ」は地区によって異なるところに特徴があるため、これには理由のないことではないが、盛り上がっていた地区の老人たちの気勢を削ぐのに十分な対応だった。

　他方、分館長の主唱の下、白石分館の事業として盆踊りを復活する議論が始まると、上原子はもとより白石地区内でも、一口に盆踊りと言ってもいくつかの種類が混在していることがわかってきた。

　まず「ナニャドヤラ」は、かつては踊られていたにせよ、現在でも少しでも踊れるのは上原子地区の60代以上の男性女性に限られていた。それに対し、2000年頃まで白石分館で盛んに踊られていたのは、小学校廃校を記念して制作された「白石音頭」であり、踊りの所作が明快で手順化されているため、30代以上の男女であれば見よう見まねで踊れるという。これは「東京音頭」などのいわゆる新民謡の一種で、定型的な音頭を変奏しながら土地土地の風情が唄いこまれていく。当時の小学校校長が作詞し中央のレコード会社が曲をつけ音源を制作したものだった。さらに「みよこ節」という民謡もあり、これは「ナニャドヤラ」をベースにして旧天間林村、さらには新しい七戸町の住民が共通して踊れるよう唄と踊りを標準化したもので、現在も全小学校で教えられていることから子どもたちでも踊れるという。言うならば、白石地区において

は、「ナニャドヤラ」＜「白石音頭」＜「みよこ節」の順でより広域に
共有される3つの盆踊りが重層的に併存していたのである。しかも「ナ
ニャドヤラ」自体がそうであったように、単純ではないにせよ、より広
域で共有されるほど価値も高いような序列も意識されていた。

三世代交流

そこで下田を中心として、そうした価値観を乗り越え、3つの盆踊り
を同じ場で順番に楽しむ新しいかたちの盆踊り大会が企画されることと
なった。もちろん3つの踊りはそれぞれ曲調・曲趣が異なり、また主に
踊れる世代も60代以上＞30代以上＞子どもたちと偏っている。しかし
あえてそれらを同じ場で楽しむことによって、この地域が直に向き合っ
ている多様性を関係者が実感することも可能になり、また何より世代間
の交流が生まれるのではないかと期待されたのである。

現実には、やぐらの設営、景品の準備、焼きそば・焼き鳥などの軽食
の支度など、実践的な課題に次々と直面することになった。しかしいっ
たん分館会議で方向性が共有され、分館長が倦まず目標を掲げつづけた
ことで、地区の人びとが持てる力をそれぞれに持ち寄って解決されて
いった。やぐらの設営は分館長をはじめとする土建業の住民が手際よく
進め、景品の準備は町役場や大学が知恵を絞り、焼きそば・焼き鳥など
の支度はキャンプに手慣れた子ども会やPTAが中心になって進めたの
である。

8月15日の盆踊りの当日はあいにくの雨にもかかわらず、白石地区
にこれだけの子どもがいたかと思うほど30人ほどの小中学生が分館に
集った。そのすべてが踊りの輪に加わったわけではなかったが、「ナニャ
ドヤラ」に加えて「チャンコチャヤノカガ」が披露されると、白石の他
地区の老人も記憶をよみがえらせその場で唄を付けはじめ、即興で男女
が言葉をかけ合う交情の風情が目の前に広がった。最後まで残った何人
かの子どもたちにもその不思議な味わいはたしかに伝わったと思われ

る。「大学が来てくれるようになって、じじばばと混じるのが恥ずかしくなくなった。みんなもやろうよ」。剣舞唯一の後継者の男の子が、そう言って友だちを誘っているのだった。

3）山の恵み
普及指導員

　山の恵みにかんしては、分館長名で白石地区全体に呼びかけ、2015年3月から毎週火曜日に勉強会を重ねることとなった。勉強会は「山の恵み部会」という名で分館の下部組織とされた。残念ながら集まったのはすべて上原子地区の住民で50代以上の男女10名ほどであった。そこに竹ケ原が毎回通って議論の内容を模造紙に書き出し、さらに議論のなかで疑問や課題として出されたことに1つ1つ解を得られるべく、多方面に折衝をくり返していった。

　まず問題になったのは共同販売する場所である。道の駅に隣接する直売所は県内屈指の売り上げを誇り、新たに会員となるにはすでに順番待ちの状態であった。また、自力で直売所を設置するには、適当な場所も資金もないように思われた。そこで竹ケ原が当時町役場近くに開店したばかりのホームセンターから情報提供を受け、その店内に設けられる予定の農産物直売スペースへの出荷が模索された。しかし4月、5月の時期には勉強会参加者も共同販売の実現には半信半疑であり、それまで自家消費用に収穫・栽培してきた農産物の量からしてそこへの出荷に自信が持てないでいた。そうこうするうちにホームセンター側も自前で仕入れ先を確保してしまい、この話は立ち消えになった。

　これに対して、ここでも分館長が粘り強く目標を掲げつづけ、直売所を自力で建設し運営も無人で行うことで合意していった。この過程で重要だと思われるのが、勉強会で毎回、共同販売や直売所設置の是非だけを議論していたわけではなかったことである。この間、むしろ議題になっていたのは、これまでそれぞれの住民が見よう見まねで行ってきた

自家消費用の収穫・栽培、あるいは加工の技術にかんする問題であった。それが解決されなければ、質量ともに安定した共同販売体制をとることができない。しかも、もしこの勉強会を通じてそれが解決されるなら、販売に先立つ収穫・栽培・加工にかんする共同活動が実現する。そこで竹ケ原は、かねてから筆者と議論していた青森県普及指導室のスタッフによる支援を実現すべく、県庁県民局担当課との交渉に入った。

　普及指導員とは、現場の農業改良を指導すべく国が認定し都道府県が配置する専門職のことで、「改良普及員」等の名称で戦後の農村開発を主導してきた。しかし2000年代以降、その規模は大幅に縮小され、1人あたりの技能的・作業的負担が加速度的に増したことから、全国的にみれば配置数の多い青森県でも、せっかくの専門技能が現場に十分生かされていないと言われている。こうした大局的な問題意識に加え、今回の共同研究に関与する県の部局が地域振興部門に限られ、より現場のニーズに即した多様な広がりを実現するためにも普及指導室に協力を要請したのである。

　幸いにして、七戸町を所管する上北県民局農業普及振興室には「家庭菜園のプロ」を自称する、極めて研究熱心な若いスタッフが在職しており、その理解と共感を得て、月に1、2回勉強会に招聘することが実現した。その技術的講話と助言は、実地検証に即した微に入り細に入るものであっただけでなく、「これは売るためでなく、人にあげるため、誰かが訪ねてきたときのお茶うけのために作っているのだ」という参加者の声にも応えるものであった。たとえば、参加者の多くはキミ（トウモロコシ）を栽培しているが、「ヒゲは取った方がいいのか」などの実践的な悩みにも適確に答える一方、「キミは人にあげたいから、お茶を飲めなくなるから売れない」という声が上がれば、自ら手がけている在来種の栽培を持ちかけるといった具合である。基本的にスイートコーン種しか種苗が売られていない現在では、かつての歯ごたえがあり甘味の薄い在来種は売り物になりにくいかもしれないが、話の種としてはよほど

重宝されるのではないかと直観しての助言であった。

公有地≒共有地

　こうした普及指導員を囲む議論を挟みつつ、無人販売所の設置場所にかんする議論も深められていった。上原子地区の集落の北西端には、青森市と七戸町を結ぶ自動車専用道路（みちのく道路）から集落に入る枝道がつくるＹ字型の交差点があり、そこに大きな空き地があった。相当の交通量のある道路であり、また枝道も抜け道として通過する車両が多く、この空き地に設置できればそれなりの集客が見込めるという結論になった。しかし住民は空き地＝公有地としてしか認識しておらず、所有者の確認が必要になった。住民だけで議論している場合には、あるいはそこに担当の行政職員が入っていたとしても、ここで議論が止まってしまう危険が大いに高い。そこで今回は共同研究の意義として、竹ケ原が法的問題の解決に当たることになった。予想に違わず登記簿上は県の所有地であるものの、県の担当課は町役場に管理を委ねていると言い、町役場は県有地であるので判断できないと言い、暗礁に乗り上げかけた。これに対して今回の事業の委託元である県地域活力振興課の大きな助力もあり、県・町双方が認めるかたちで無人販売所の設置場所として利用することが可能になった。

　この挿話も象徴的である。一口に「公有」といっても、「みんなのもの／誰のものでもないもの」という生活感覚と「官庁のもの」という制度上の現実が交錯している。今回の事例のように空き地化した公有地は各所に広がっており、それが隣接する地区の共同活動の資源として活用されることは望ましい。しかし、いざ現実に動かそうとするとそれぞれの官庁の論理が錯綜し、通常、そこで生活感覚は「だから役所は」とさじを投げがちである。そこを投げずに、官庁の論理と生活の論理を粘り強く橋渡しをすることで、動かないと思いがちな現実が動き、それによって共同活動の手応えがいっそう高まるのではないかと考えられるの

である。

　こうして設置場所が決まった後も、建設や運営の詳細について、現実が近づけば近づくほどさまざまな課題が現れてきた。それも、建設にかんしては盆踊りのやぐらと同様、土木作業や大工仕事の心得のある住民たちが、その場その場で持てる時間と設備を持ち寄って解決し、運営にかんしてもできるだけそれぞれが負担の少ないかたちで取り組めるよう知恵と手間を出し合って解決されていった。

　直売所はひとまず6人の出荷者で7月末に開設されて以降、収穫物がなくなる10月いっぱいまで無人で運営された。1袋100円均一での総売上げは約35万円に上り、並べたものはほぼ売り切れたという（図6）。当初心配されていた品切れや持ち逃げも、前者は出荷者が勉強会で得た栽培管理の技術を駆使し出荷率を高めたことやクルミなど普段は収穫しない山の恵みも積極的に出荷したことで回避された。また後者は詳細は不明であるものの、1つには直売所の壁面を地区の子どもらが描いた絵で埋めていたことの効果もあったと考えられている（竹ヶ原2016）。

図6　百円均一の無人直売所に並ぶ野菜たち

11月には勉強会参加者だけでなく子ども会の中心的な親子も集まり、女性たちの手による「ひっつみ」を中心とする手料理を囲みながら、今後のことが議論された。まず収入の20％は「白石トラスト」という名で分館の会計に納められ、次世代の育成を願って子ども会に寄付されることとなった。この反省会で何より心を打たれたのは、白石地区で料理を囲みながら議論をする場に初めて、すべて普通の手料理が並べられたことである。他の地区では当たり前のことかも知れないし、剣舞や盆踊りの練習の場では見られたことではあるが、地区全体の集まりでは記憶がなかった。地区有志で秋田の田澤（秋田県仙北市旧田沢村）を訪ね、手料理の弁当が配られたとき「うちではできないね」と口々に言い合っていたのがその年の2月のことであった。できないと思われていたことができるようになる変化が、たしかにこの間あったのである。

4）誇りの恢復にむけて

2年間の共同研究を経て、剣舞の土曜保育への参画、盆踊りと直売所の分館事業化といった目に見える成果が生まれた。3年目以降は、大学研究員が中心となって県の経費、さらには大学研究科のミッション達成経費をもとにして、徐々に間隔を空けながらも通い続けている。筆者自身も民間財団から研究助成を受け、折にふれ足を運ぶようにしている。そうしてペースを緩めているのは、芸能にせよ山の恵みにせよ、「いつでも声をかけてもらえば駆けつける」という連帯感を残しつつ、地域のみなさん自身で活動を積み重ねいっていただきたいからである。

そのようなスタンスもあって、期待されたようには世代間交流や次世代の育成は目に見えた成果が挙がってきてはいない。剣舞の土曜保育への参画も、やはり土曜出勤の多い保存会会員には負い切れない負担で、初年度のみで打ち切りとなった。直売所や盆踊りに子どもたちを関わらせていこうと、2016年度、公民館脇の空き地で昔ながらのキビを育て、盆踊り大会で子どもたちに命名してもらった。これも直売所の数少ない

会員が手分けして育てにいく負担の重さから、次の年は見送られた。

　それでも盆踊りの練習と大会、そして直売所が今年も、あるいは今日も開かれていることが大切である。地域にはそれぞれ独特の時間の流れ方がある。背伸びをして無理をすることなく、できないことはできないと見切りながら、活動の場を息長く続けていくことこそが地域づくりそのものに他ならない。

　たとえば今、山の恵みの部会員たちを悩ませているのは、せっかく直売所に並べたモノが、やはり無人であるだけに盗られていくのをどうしたらいいだろうか、ということである。尋ねてみると1割に満たない。この数字は一般の有人店舗から見ても逆に少ない。つまり、一般的に見れば少ないとも言える持ち逃げにも心を痛めるのは、それだけ会員たちは自分たちの山の恵みに誇りを持ちはじめている証とも言える。はじめ、誰が足を停めるだろうか、どこにでもあるものをとつぶやいていたみなさんが、これだけの誇りを抱いている。それは、とにかく古いとか、公に認められたからという誇りではない。この間、さまざまに学び、そして創意工夫を重ねてきた、その1つ1つの実践の積み重ねがもたらした誇りに他ならない。

　その誇り高きみなさんの背中を、ほかの人たちも、また若い世代も子どもたちもきっと目にしていることであろう。ただやみくもに世代間交流を促すだけでなく、まずは地域のみなさんの地に足の着いた誇りを呼び覚まし、それを周囲と徐々に共有してゆくことの方が、将来を見すえたときよほど着実な地域を生み出すに違いない。

　最初の冬、上原子の集会所だけに灯っていた火が、次の冬は白石分館の窓を明るくしている。「今日も何かやっている」と見ている人は見ているという。その見ている人がかつての学び舎の扉を思い切って押し開く日はそう遠くないであろう。白石地区での展開については、平井（2017a, b, 2018a）でも追っているが、次々と新たな活動の幅を広げており、今後も寄り添いつづけてゆきたい。

（2）どう人びとの心を動かし活動を生み出すか

以上の「集落経営」における白石地区の実践は例外的なものに見えるかも知れない。第5章でも議論されたように、「地域づくり」の立ち上げと具現化に関わることのできる大学の人員も無限ではなく、白石地区だけでなく本書でとりあげた地域に対する関わりをすべての地域にできるわけではない。

この難問を解きほぐすのに一定の効果を挙げると考えらえるのが、「集落経営→未来づくり」事業に先行して展開されていた「地域経営」事業に他ならない。「地域経営」事業は、あくまで農業者を中心としてという限界はあるにせよ、制度創設の2012年度から5か年は青森県内全40市町村で「地域づくり」を企画し実践するマネジメント部会の運営が進められ、その後の2017年度からも、希望する市町村（2017年度で28市町村）や意欲のある農業者には引き続き金銭的・人的支援がなされることになっているからである。

特に「人的支援」の面では、「集落経営→未来づくり」を所管した地域振興部門に比べ、「地域経営」を所管する農業・農村振興部門は、県内各地に「農業普及振興室」が設置され（6室、4分室）、地域の農業者と関わる機会も多い。それだけでなく、専門的な知識を有する「農業普及指導員」が配置され、深い関わりもできるようになっている。つまり「地域経営」は、第1章で触れた「薄く広い関与」と「深い関与」とが、少なくとも行政の体制上は可能になっているのである。

しかし、こうした行政の体制上の有利さが、「地域経営」事業が始まった当初は十分に生かしきれていなかった。それは第1章で述べたように、「地域づくり」を構想し企画し実践する原動力となるべきマネジメント部会で、思うように現場の当事者の意見が出て来なかったためである。そこで県では、この事業の普及啓発に関わっていた法政大学の図司直也氏や筆者らの助言を受け、2014年度からマネジメント部会にファシリテーターを招聘することを必須化して、事態の打開を図った。

表1　参画型調査を行った市町村の年度別一覧（数字は回数）

年度	東青	中南				西北		上北						下北	三八	
	今別	藤崎	田舎館	黒石	平川	つがる	中泊	七戸	六戸	三沢	十和田	東北	横浜	佐井	三戸	田子
2014						1		2	2	1	1			1	1	1
2015			2						2	1	1	1	1	2		1
2016		2	2	1			1		2	1	1		4	2	2	1
2017	1	2	2	2	1						2		2	2	2	

　以下の議論は、こうした経緯を踏まえ、筆者が2014年度から複数の市町村の「地域経営」のマネジメント部会にファシリテーターとして参画し（表1）、参画型調査＝アクション・リサーチを進めてきた成果をもとに展開する。すなわち、「地域づくり」を十分に意識していないごく普通の農業者のみなさんが、ファシリテーターの関与するマネジメント部会を通じて、どのようにして語らい合い「地域」を意識してゆくのかを明らかにしたい。

　マネジメント部会に参画する際、まず問題となるのが、ファシリテーターとは何かについて、部会の場を設定する市町村職員、参加する農業者などのみなさんと十分共有することである。当初は、あるいは現在でも、当然のことながら「ファシリテーター」という言葉自体知られておらず、筆者自身も多くの市町村で「講師」として講演を依頼された。さらに共同研究を通じて、筆者以外がファシリテーターとして招かれたマネジメント部会を見学する機会を得たが、そこではたんなる会議の議事進行役として在京のコンサルタントを招聘していた。

　第5章や第6章で触れられていたように、「ファシリテーター」とは議事進行役や講師ではなく、そこに集まっているみなさんの声を引き出し、1人1人の創意や発意を目に見えるようにする役割を負う。そこで「ファシリテーター」が大切にすべきなのは、時間がないからなどと無理に話をまとめようとしたり、自分も含め特定の価値観を押し付けない

ことである。先の白石地区での話し合いの例では次のような瞬間がそれに当たる。まず、芸能を主題としたときに、上原子剣舞の継承で無理に話をまとめず、「盆踊りはダメか」という声が挙がればそちらを尊重した。さらに山の恵みにおいても、たとえ直売所の開設が念頭にあったとしても、「キミは売り物ではない」と声が出れば、じっくりと在来種の勉強会を重ねるよう話を向けた。これらのやり取りが地域のみなさんに与えた効果は、平井（2017a, b, 2018a）で詳しく分析したが、どれも一見すると回り道のように感じられる。しかしこのようなやり取りを経ることで初めて、集うみなさんの声にしたがって取組みが動いてゆくこととなり、発言したみなさんのやる気や責任感が格段に引き出されてくる。そのように当事者のみなさんの自発性を引き出すのがファシリテーターに他ならない。

だからこそ筆者の場合、「ファシリテーターとはこういうものだ」と頭からお話はしない。そうすると、ファシリテーターのあり方という初めの一歩から現場のみなさんに対して押しつけになるからである。ひとまずは「講師」としてお引き受けし、「なぜ、自分のような農業の素人がこの場に立ち、みなさんと何をしようとしているのか」というお話を簡単にしたうえで、意見交換のワークショップに自然と移行している。

ワークショップでは付箋とプロッキーと模造紙を用いるが、それも事務局で準備できる範囲で対応をお願いしている。「付箋とプロッキー」と事前にお願いしていても、大判横長の付箋が単色だけ準備されていたり、何度お伝えしても油性ペンしかなかったりする場合もある。筆者はそうした道具には拘らず、「ああ裏映りしちゃいますね」などとそれも笑いの種にしながら、ワークショップを進めるようにしている。

さらに準備されたテーブル構成にも、ファシリテーターというものがまだまだ浸透していないことが実感できる。「講演」を依頼される場合は当然、教室型に机が並べられている。「議事進行役」が依頼される場合も、大きなO字円卓を囲まされることが少なくない。筆者の場合、そ

れはそれとして、「じゃあこれからのワークショップではちょっと配置を変えましょうか」と言いながら、参加者全員でテーブルを組み換えたり、テーブルを外して椅子だけで丸くなり、床やホワイトボードを囲むようにしてもらったりする。戸惑われる方も少なくないが、ひとしきり会場設営にともに携わって軽く汗を流すだけでも、一体感・連帯感が生まれる効果がある。

1）一歩引いている参加者をどう取り込むか

　筆者がこれまで行ってきた参画型調査では、参加者全員で１つのテーブルを囲み、参加者の発言を筆者が付箋に書き留め、模造紙のうえに整理していくかたちをとっている。議題はまず、お互いの自己紹介から始め、将来どんな農業をしたいのか、今どんな悩みや心配事をかかえてい

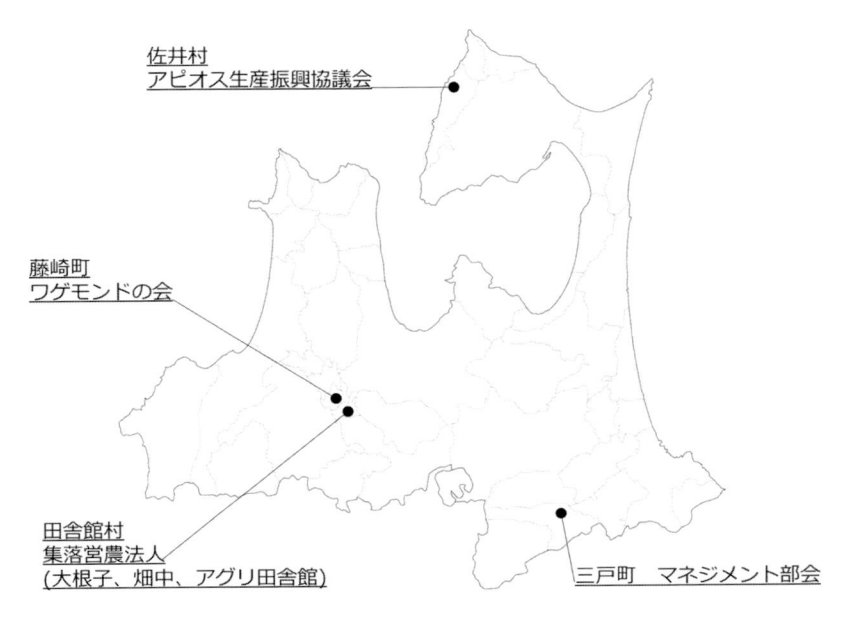

図7　マネジメント部会に関する事例一覧

るのか、そのようなことを順番に伺うようにしている。農家のみなさんは互いにふだんから情報交換をしているように見えるが、そうとは限らない。

　たとえば田舎館村では3つの集落営農法人（大根子、畑中、アグリ田舎館）が毎回、部会に参加している（図7）。2017年3月の場合、ある法人から「転作大豆の雑草取りが大変だ」という発言が出た。これに対し別の法人も「うちも悩んでいる」と受けた後で、「農協の奨めでやや高価な肥料を入れ、雑草に負けない生育にさせた。それなりに効果があった」と今年の成果を教えてくれた。もう1つの法人の方は黙っていた。そこで筆者から「大根子さんではどうしてらっしゃるんですか」と尋ねた。すると「雑草取りは一にも二にも小まめに対処すること。でも、みなさん仕事があるから、わかっていてもできないんだよね」と在来の知恵とその難しさを語ってくれた。それを受けて普及振興室からも、生育が優れている新しい品種が岩手県・山形県では奨励品種とされており、青森県でも模索が始まり、「地域経営」を使い西目屋村で取組みが始まるとの情報が寄せられた。

　以上のやり取りがひとしきり終わると、ある法人の方が「いやあ、こういう情報交換の場が欲しんだよね。これ続ければいいんじゃないの」とまとめてくださった。たしかに集落営農組織の集まりはあるが、一方的に事務局や講師の話を聞き、それに対する質疑応答があるだけで、自分たちが本当に聞きたいこと、悩んでいることはなかなか話題に上らないのだという。特に集落営農法人に関わっている方たちは兼業農家である場合が少なくなく、専業農家どうしに比べてやはり情報交換の機会が少ない。マネジメント部会にはまず、このように互いの悩みを打ち明けあえることに意義がある。それぞれがバラバラに取り組んでいる場合にはなおさら、ちょっとした不安でも疎外感、孤独感が深まる。悩みを打ち明け合うことはそうした不安を解き、前向きに取り込む力を与える。さらに上記の例のように、その打開策を見出すことさえできる場合も少

なくない。

　加えて、上の田舎館村でのやり取りにはもう1つ重要なポイントが隠されている。初めの「転作大豆の雑草取りが大変だ」という発言は、実は話し合いの流れのなかでは後ろ向きなかたちで出されたものだった。というのも、その前段で、田舎館村では地方創生総合戦略で「地域商社」の設立が謳われていることや、「地域経営」を使った農協女性部が「アグリの里おいらせ」に視察に行き、また認定農業者の研修会でも6次化の難しさを再確認したことなどが順々に語られていた。これに対し、集落営農法人の方たちは、まずは最小限の労働投入で最大限の収量を上げるのが目的で、6次化などは自分たちに関係がないと一歩身を引いていたのだった。雑草の悩みを打ち明けたのも、筆者が「いやいや、そうですよね、まずは経営基盤を確立するのが大事ですよね。それで何が今一番、困ったことなのでしょうか」とお聞きして、初めて出てきた発言なのであった。

　ここでファシリテーターが話し合いの流れを断ち切り、別の流れに持っていく介入を行っていることがポイントである。一般にファシリテーター、あるいはファシリテーションとは何かが語られるとき、中立公平な立場を保ち、参加者の話し合いが円滑に進むように働きかけることが重要だとされる。これに対し筆者は、話し合いの場に疎外感を抱いている方たちがどうしたら発言しやすくなるかに関心を抱いている。そのためには、上の例で「そうですよね。まずは……が大事ですよね」と発言しているように、まずはファシリテーターが疎外感を抱いている方に同意して、その立場に自分は立つということを表明し、しかもその方たちが重きを置いている価値こそ大事だというように価値観の優先順位づけをすることが重要だと考えている。そうすることで、疎外感を抱いている方たちとファシリテーターとの信頼関係が構築されるとともに、この話し合いの場で何をどのように話題にすべきなのかを参加者全員が徐々に共有し、前向きな討議が生まれると考えられるのである。

2）ロードマッピングの効果：目標・取組み・役割の明確化

　互いの自己紹介を経て、次に取り組むのは、これまでのそれぞれの農業経営をふりかえりつつ、いつまでにどんな経営を実現していたいかを話し合うことである。この話し合いを筆者は大くくりに「ロードマッピング」と呼んでいる。話し合いの参加者が、「地域経営」に深く関与している場合には、事業の成果をふりかえり、今後の目標を見定めたうえで、残された期間での取組みを組み立てるというように、「地域経営」を話し合いのテーマの中心にすえることもある。

　こうしたロードマッピングの成果としてまず挙げられるのは、目標と取組みの明確化であり、PDCAサイクルの確立であると言えよう。たとえば、佐井村ではアピオス栽培の振興が漠然と目指されていた（図7）が、何のためにアピオスを振興し、どこまで持っていこうとしているのかは必ずしも明確ではなかった。このような場合、六戸町の行者菜栽培でも同様なのだが、毎年毎年気候も経済環境も異なり、生産者やその家族の健康状態なども変わってくるため、年々歳々の栽培・販売状況の報告で話し合いが終わりになりがちである。

　これに対し佐井村では、アピオス栽培の目標をあらためて話し合った結果、何を作ってもサルにやられてしまい農業が衰退するところまで衰退しきった村で、もう一度、誇りをもって、しかもそれほどハードルもなく農業に取り組めるという姿を見せることが目標だということがまず確認された。これを受けて、当面のハードルになっている洗浄作業の機械化に取り組むこととし、まずそれが実現された。次のステップとして、「佐井村」という特徴をいかすべく、ウニ殻の肥料としての活用が目標として立てられ、そのためのハードルを普及振興室と一体になって越えていく実証研究が取り組まれた。さらに、より若い世代や次世代に関心をもってもらうべく、小学校の協力を得て、栽培、さらには販売まで子どもたちに体験してもらう取組みが始まっている。

　佐井村でアピオス栽培に取り組んでいる生産者は数名であり、それが

農業経営なのかという議論も確かにあった。しかし、むつ市を中心に設立された下北アピオス研究会のなかで、佐井村は2016年度、全体の出荷量の半分を占めるまでになっている。アピオス栽培の振興にとって、同研究会が実現する全量買取制や生産者重視の買取条件の設定などの努力と配慮は欠かせない。だが、それだけでは地域に浸透しないのである。逆に、佐井村のように、ロードマッピングによる目標設定とそのクリアが着実に積み重なれば、売れるから作るという状態を超えて、目標と誇りをもった農業生産が可能になると考えられる。

　しかも、そのように目標が明確になれば、農業者以外の参画や協力も得やすくなる。佐井村ではまず、普及振興室の支援が特筆すべきものであり、糖度検査の手順の指導、ウニ殻を肥料として用いる効果の科学的な実証、産業廃棄物関連の法規の点検など、段階を追って適切な指導・支援が重ねられた。これらは、普及支援室のみなさんの熱意もさることながら、目標設定を踏まえた役割分担の明確化によってできたものだと考えられる。具体的に言えば、ロードマッピングの作業で必要な取組みをあぶりだす際には、誰がそれを担うのかもその場で決めるようにしている。結果として、生産者も役場担当者も、さらには普及振興室のみなさんもそれぞれに「宿題」を持ち帰ることとなり、次回その成果を持ち寄るというかたちで、マネジメント部会という会合の場も「生きた」場に変化するようになると考えられるのである。

　以上のやり取りを含め、ロードマッピングを通じ農業者だけでなくそれを取り巻く行政関係者、農業者でない住民などさまざまな当事者の自主性が引き出されるプロセスについては平井（2017a, 2018b）をぜひ参照してほしい。

3）つながりの場の持続にむけた借り物でない言葉

　ファシリテーターの役割としての「目標の明確化」は、経営や事業の回顧と展望だけでなく、すでに生み出されたつながりを強化し持続させ

ていく効果もある。たとえば藤崎町では、「地域経営」を通じ新規就農者を中心とした若手農家による「ワゲモンドの会」が結成されていた（図7）。当初は情報交換の場として始まったものが、イベントへの出店、さらには「ワゲモンドの会」を統一ブランドとしたりんごジュースの共同生産・販売、そして地域の量販店・イオン藤崎店の地場産野菜コーナーへの共同出品など、グループとしての経済活動にまで積極的に取り組んでいる。その一方で、そうした意欲的な取組みに参加するのは、会員のなかのごく一部であり、それら会員でさえ共同生産・販売などにどこまでコストを割くべきかについて共通認識が十分にできていなかった。その認識の乖離をどうするかを議論するため、2016年度のマネジメント部会、続いて「ワゲモンドの会」自体の会合にファシリテーターとして招かれ、付箋を用いた話し合いを深める場に立ち会った。

「ワゲモンドの会」の会合「未来を耕すワークショップ」ではまず、10人ほどの会員それぞれが、あらためて自分の農業経営の目標と会に期待することを出し合った。会への期待は、ある者は「事務局を強化して共同の取組みを発展させる」と語り、ある者は「敷居が低い会でありたい。楽しく和気藹々としていたい」と語るなど、期待のあり方はそれぞれに異なっていた。大別すれば、共同生産・販売を強化するという方向性と、情報交換を軸に和気藹々としていたいという方向性とに二分されていた。このような方向性の分岐は、つながりの場づくりをしてゆく際には、どこにでも見られるものだと考えられ、その結果として、会の運営が立ち行かなくなったり、参画者が先細りになったりすることも、しばしば見られ、また容易に予想されるところであろう。

筆者の場合はまず、こうした意識の分裂や対立を参加者全体でよく共有してもらうよう促している。参加や参画を高めるうえにおいてもっとも大事なことは、それぞれの意見を表出できたり受容されたりすることだと考えているからである。そのうえで、如何に一致点を見出せるかが話し合いの肝になる。もちろん結局、一致点が見出せずに終わる場合も

少なくないが、「ワゲモンドの会」の場合には、ある会員のちょっとした言葉から、情報交換重視派と共同事業重視派との精妙な一致点を見出すことができた。それは情報交換重視派の１人が発した「話をしていてオモシロい機会が見つかったら、その波に乗りたい。自分はそういう波が来るのを待っている」という発言だった。この言葉を受けて筆者は「じゃあ、波乗り、サーファーなんですね」と投げかけると、別の会員は「俺たち海ないけどね」とと交ぜっ返してきた。それで筆者が「じゃあ、みなさんはオカサーファーだ」と畳み掛けると「先生、サーファーで引っ張るね」とある会員が言い、別の会員が「サーファー、波乗りっていうのいいね」と応じた。これはいけると思った筆者は「じゃあ、みなさんは波をつかむ人たちと波に乗る人が一緒になってるんですね。どちらも片方だけじゃつまらない。一緒にいてこそ楽しそうですね」とまとめた。結局、「波をつかむ事務局と波が来たら逃さず乗る会員たち」というのが「ワゲモンドの会」のスタイルだということで落ち着いた。

　この例で重要なのは、せっかくできたつながりの場が情報交換重視派と共同事業重視派に分裂しそうになったとき、たんに「役割分担が大事ですね」とまとめることではない。同時に重要なのは「オカサーファー」という当事者からのキーワードに絡めて、そのまとめを共有することである。そうなったとき初めて、当事者が自分事として受けとめることができるからである。目標やビジョンを作りましょうというとき、しばしば「ポエム」と呼ばれるマジックワード、すなわち「つながりの場づくり」、「鳥獣害の克服」などが用いられることがある。そうしたマジックワードだけにも人を惹きつける力はあるが、それらは「オカサーファーで行こう」とか「サルに負けない村づくり」（佐井村の場合）などと言い換えられた方が、当事者のみなさんにとっては自分たちオリジナルの目標として意識されやすいと考えられるのである。

　こうしたそれぞれの当事者だけのキーワードを、付箋を使った議論の整理法KJ法の提唱者である川喜田二郎は「土の香りのするラベルづく

り」と呼んで、もっとも重視していた（川喜田1970）。それらを引き出す方法は容易にわからないが、少なくとも言えることは、たとえば「波に乗りたい」といった比喩表現を「機会をつかむ」などと言い換えて一般化させないで心に留めることの重要性である。

　さらに、そうした独自性への注目は、比喩などの表現だけでなく、やられている取組みや目指す経営の方向性などにも見すえておきたい。たとえば、三戸町のマネジメント部会に集まった若手農家の1人と以下のようなやりとりがあった（図7）。「どういう経営を目指していますか」、「安定して生きていかれる経営」、「それを実現するにの今何がネックですか」、「意識と技が足りないね」、「意識と技が高まるにはどうしたらいいですか」、「嫁をもらうことかな」。筆者にとって最後の答えは若干、想定外だった。研修の機会を期待しているのかなと予想していたからだった。そして研修の機会という話であれば事業化しやすいとも考えていた。だが「嫁をもらう」にはどうしたらよいか。婚活をやるのか。それでは安易ではないか。そうしたことが瞬時に頭を駆け巡った。そのため、この発言は一旦、保留にしてそれ以上、掘り下げないこととした。参加者とのやり取りが一段落したあと、参加者の共通体験として、10年ほど前の4Hクラブでの異業種交流会の楽しさが話題となった。その交流会は今でいう婚活であった。筆者はどのようにして女性参加者を集めてきたのかと問いかけた。返ってきたのが「行きつけの飲み屋の女性たちに友達を探してきてもらった」という答えだった。それを聞いた大先輩の農協役員が「飲み屋の女性のなかには昼間、農家の手伝いしている人もいるらしいよ」と突っ込んできた。若手農家を含め参加者の多くの課題は「手伝いの確保」であり、「飲み屋の女性を巻き込んで婚活をする」というアイデアがにわかに参加者の共感を集め出し、トントンとそれぞれの「宿題」が決まってゆき、その中核を最初に引用した若手農家が担うことになった。それはこのアイデアが、「意識と技を高めるために嫁をもらう」という彼の独特な発想に応えるものであり、たんに

「労働力の確保」、「婚活」などを目標に立てたのでは、そうした展開にはなりえなかったと考えられるのである。

4）横断的で継続的な関わり

　最後に重要な知見として、ファシリテーターによる「横断的で継続的な関わり」の重要性に触れておきたい。今回、筆者は2年目の関わりとなる横浜町と三戸町に対して、「未来づくり」の学生インターンの受入を打診し、それぞれ「地域経営」の関係者である産直組織で受け入れてもらった。さらに横浜町では、県土整備部が支援する重点道の駅事業とも連動させるよう打診し、道の駅事業における協議会と「地域経営」のマネジメント部会を、事業面でも人的にもまたタイミング的にもなるべく重ねて運営していただいた。

　結果として、三戸町では学生インターンの提案による新たなPOPデザインが産直に定着するような直接的な効果だけでなく、インターンの宿泊・受入先となったホームステイ連絡協議会にとっても、ややマンネリ化し会員が先細りになっていたところに、従来の小中学生とは異なる大学生の受入という活路が見出され、会員どうしで今後の展望を再協議するきっかけとなった。さらに、受入に関わっていない若手農家にも評価が浸透し、労働力確保の視点から受入可能性を模索する動きが広がりつつある。その意味では、学生インターンの導入が契機となって、「地域経営」だけではすくい取れなかったホームステイ連絡協議会や若手農家などをつながりの場に引き寄せ、それぞれに抱える経営上の困難に向き合うきっかけが作られたと言えよう。

　横浜町でも学生インターンの提案が、一言カードの掲示板制作など徐々に実現しているほか、道の駅と「地域経営」を重層的に議論する枠組みができたことで、従来アイデアレベルにとどまっていたことが小さなかたちではあっても次々と実現したり、これまでも活動を支えてきた女性たちの発言力・行動力がさらに強化されたりする効果を生んでい

る。アイデアを少しでもカタチにし次の展開にステップアップさせることや埋もれがちだった女性などの声と働きを引き出すことは、「地域経営」のつながりの場づくりが目指してきたものであり、しかもそれが現実の収入・収益の向上に直結している点は高く評価すべきであろう。

　このようにファシリテーターがハブとなって、「地域経営」とは異なる事業を紹介・導入することにより、「地域経営」自体の成果がさらに高まる可能性は大いに開かれていると言えよう。これは「地域経営」が経営力強化と地域づくりとを両にらみにしていることからすれば、当然の着眼点である。ともすれば、「地域経営」の成果を評価する際、「地域経営」での取組みだけをとりあげる場合が少なくない。しかし、経営体や地域の現場からすれば、現実に多様な事業が重層的に展開されているのであり、行政側の都合によりそれらを仕分けるのではなく、むしろ積極的に重層させて相乗効果を挙げていくことが目指されてよい。

　さらに、ファシリテーターがそうした重層化のハブになるには、複数年にわたる現場との関わりを経た信頼関係の構築が不可欠である。見方を変えれば、ファシリテーターと複数年にわたって関わりをもつことにより、そうした事業のハブ機能を果たすよう現場の側から促してもよい。市町村や県の担当者には異動がつきものだが経営体は移動しない。そのギャップに経営体や地域の側の不満が募りやすいのだが、ファシリテーターが継続的に関わることによってそうした問題も解消されていくものと期待されるのである。

（3）地域の現在を見すえた促しにむけて

　「集落経営」にせよ「地域経営」にせよ、今の地域社会では「地域づくり」を看板に掲げた瞬間、多くの人たちが一歩引くだろう。自分たちの生活を守るのに精いっぱいだし、「地域」のことは行政に任せる、だからこそ税金も払っているというのが正直な実感だと考えられる。

　まず第一歩を踏み出すにはむしろ、そうした一歩引いている方たちの

実感の方に拠って立った方がいい。それは多くの地域で、ふだんから一歩引くように言われている女性たちや若い世代であり、「忙しくて会議に出られません」と言っているみなさんである。

　次に、その方たちの不安が少しでも取り払われ、理想がわずかでも実現するよう、人と人とをつないだり、試しにやってみるように促したりすると道が開けてくる。

　そのとき、いわゆる「課題」やその「解決」に直結しないことも往々にしてある。世代間交流はちっとも進んでいるように見えないし人口減少もとまらない。だがまず大切なのは、自分たちのやっていることに誇りを持つことや、この話し合いの場の意味を納得することである。それがなければ活動も場も続かないし、当然ながらその先に課題の解決も見えてこない。

　このようなことを筆者はこの共同研究からこそ学んだ。この4年間、共同研究の一環として関わったワークショップの場は優に100回は超える。そこから得られた数多くの知見は、本書だけでなく『ふだん着の地域づくりワークショップ』（筑波書房、2017年刊）の中核を占めている。そちらもぜひ手に取って読んでいただきたい。

※本稿は平井太郎（2016）「委託研究青森県集落再生・活性化事業」、「七戸町白石地区」『地域社会研究』9:11-22と同（2017）「農山漁村「地域経営」の推進に係る評価・提言」『地域社会研究』10:21-31に加筆修正したものである。

文　献

藤山　浩（2015）『田園回帰1％戦略』農文協。
平井太郎（2017a）『ふだん着の地域づくりワークショップ』筑波書房。
------（2017b）「野の学問はいかにありうるか」『社会学年報』49:91-99。
------（2018a）「「関係人口」を地域内から掘り起こす」『NETT』100:24-27。
------（2018b）「官製ワークショップをいかに農村に根づかせるか？」『JCA研究

REPORT』3:1-10。

川喜田二郎（1970）『続発想法』中央公論社。

下田雄次（2015）「剣舞に「協力」する人々」『地域社会研究』8:19-28。

------（2017）「民俗芸能の復元・復興支援のプロセス」『地域社会研究』10:77-87。

総務省（2017）「過疎地域等のおける集落対策推進要綱」。

竹ヶ原公（2015）「中山間集落における集落再生のための中間支援組織必要性の考
　　　察」『地域社会研究』8:15-18。

------（2016）「青森県七戸町白石地区における無人販売所の取組事例から」『地域社
　　　会研究』9:125-130。

結城登美雄（2009）『地元学からの出発』農文協。

8. 総 括

平井 太郎

　本章では以上の挑戦の軌跡を踏まえ、持続可能な地域の未来に向けて「大学と地域が組んでどこまでできるのか」について、大きく4つの知見を強調したい。

（1）地域と大学が相乗的に未来を切り拓く——地域共創

　今回の共同研究の知見としてまず挙げたいのは、地域のみなさんが大学のような外部の知的資源とともに地域づくりを継続的に進める意義である。そういうと、大学が何か切り札となる知識を一方向的に、また一回、地域に伝え、それで局面が打開されると誤解されるかも知れない。そうではない。むしろこの共同研究で大学が果たしていたのは、第5、6、7章でそれぞれに強調していたように、地域のみなさんが何でもないものだと思っている、その地域の日常にこそ価値があるということを、地域のみなさんとともに、つまり双方向的に再確認する伴走役に他ならない。しかもそれは、いっとき褒めたり励ましたりする一回的なものでは意味がない。2年、3年、4年と活動をともにし、離れていてもいつでも声がかかれば駆けつける間柄を築きあげてゆくことで、地域と大学の双方にとって意味が深まる。

　さらに場合によっては、大学に何か知的権威があるように見えるだけに、大学としてはこう想定していたとか正解だと考えていたことが、地域のみなさんとやり取りするなかで、修正されていくプロセスがあらわになると、よりいっそう地域のみなさんの誇り、そして何より私たち大学に対する信頼感も増すことさえある。このことは肝に銘じておくべきである。そのように、地域と大学とが相乗的に高め合う関係を構築することが、序章で触れた「地域共創」の具体的なあり方であり、こうした

関係構築こそが、地方創生の次の段階を特徴づけると考えられる。

（2）地域の広がりを柔軟に捉え返す

　第2に、地域というとたしかにある境界で区切られた場所のことなのだが、そこに関わる人をベースにして考えると、もっと広域で捉えた方がよいだけでなく、その捉え方も時期や状況によって柔軟に伸び縮みすることを頭に置いた方がよい。生活圏や商圏の広がりは言うまでもなく、人の一生のなかでもあちこち移動しながら生活が成り立っている。つまり、第1章でこの共同研究の出発点として掲げた「地区の区切り方の多様性」という視点自体、そこで暮らしてきた人それぞれに多様に伸び縮みしうるというように、より柔軟なものにした方が地域の未来を考えるうえでも有効であると強調したい。

　地域の基盤はもともとの小学校にあり（今井2017、牧野2018）、第3、5、6、7章の事例のように、そうした空間としての「旧小学校学区」で建物としての「旧小学校」を基盤とした活動を紡ぎ直すことは重要である。しかし同時に、それぞれの章で注意を促したように、地域の外で働いている人や、地域の外で暮らす出身者を活動に巻き込んでゆくことも欠かせない。もちろん、第6章で中心的に論じられたように、車で1時間、2時間、あるいは3時間かかる大学にも気がねなく声をかけていただきたい。

　さらに第3章でその重要性が指摘された都市との交流も、本書では十分に掘り下げなかったが、以下のような青森型地域づくりインターンシップの成果を見れば、地域の見せ方、発信のし方次第で東京から自費でも通う学生がいることに注意したい。何も魅力的な観光地として訴える必要があるわけではない。2017年度の脇野沢のインターンシップには東京から5名の学生が参加したが、その1人は、青森に来るかインドネシアに行くか迷った末、脇野沢を選んだのだという。それは脇野沢のみなさんの熱気が伝わったからだと言い、実際足を運んでみてその予想

はたがわず、むしろ短いながらもそれまでの人生で経験したことのない、地域への誇りの尊さ、地域に根ざすことの充実感を実感したと、長文の手紙にしたためてきていた。

このエピソードは同時に、それだけ「地域」というものが、今の大都市圏での普通の若い世代からは遠い存在だということを示唆している。このような「地域という存在そのものの地盤沈下」とも言うべき現実は、地方創生、さらにその次の段階を展望しようとする際、十分に心に留めておく必要がある。しかも、だからこそ、そうした厳しい現実を逆に好機として生かせるだけの土台が、今回の共同研究自体を通じて青森の各地で生み出された点は特筆に値する。他の地域のみなさんも、「地域という存在そのものの地盤沈下」を直視しつつ、だからと言って「募集しても学生さんは来ないだろう」ではなく、むしろ逆に「だからこそ学生にとっては魅力なのだ」と、都市との交流に一歩踏み出していただきたい。

（3）地域固有の組織論へ

第3に、第2章で東北独自のコンパクトシティ論が展開されたように、地域固有の組織論の構想が挙げられる。この点を強調するのは、現在の条件不利地域研究で注目されているのが中・四国地方を中心とした地域であり（小田切2014、藤山2015）、かつ、それら主流の研究ではありうべき地域の組織として地域運営組織が自明なものとして想定されているからである（山浦2017）。第1章でも触れたように地域運営組織とは、年代別や性別、また機能別に編成された諸組織（子ども会、婦人会、老人会、PTA＝教育、民生委員＝福祉、消防団＝防災、営農法人＝産業等）を包括し、しかも従来の自治会とは異なり事業主体にもなりうる組織を指す。これからの地域の持続可能な未来を切り拓くうえで欠かせない組織として、現下の地方創生でも全国でその設立が積極的に促されている。

これに対し今回の共同研究では、そうした地域運営組織を構想し実現することが、住民・行政機関・研究者のいずれにとっても難しかった。それはたんに今回の対象地や研究者自身が「遅れている」わけではあるまい。むしろ地域運営組織という組織論自体がある特定の時期や地域に限定された議論であり、それとは別のものを構想しなければ地域の（再）組織化が難しい地域や状況もあると考えるべきだ。ここで「（再）組織化」とかっこ書きにしているのは、いつでも全てゼロから組織化する必要はないと考えるからである。すなわち、第7章で紹介した白石地区のように、すでにある公民館運営協議会を基盤として、それまでは見出されていなかった地域運営組織の役割を関係者間で共有したり、今は失われた組織をよみがえらせたりすることも含めて「組織化」を構想すべきだと考えるからである。

　そうした構想として1つにはNPO（現代的なテーマ型事業組織）を挙げることができよう。今回の共同研究でも廃校を拠点として自然教育を行うNPO（第6章、根井地区）などがすでに活動していた。しかしそれらはいずれも既存の自治会などと有機的な関係を構築できずにおり、今回の研究を通じてもその点について目に見えた関係構築を深めることはできなかった。NPOのような現代的なテーマ型の事業組織と既存の地域組織、あるいは世代や性別の異なるさまざまな住民とは、日常的に用いる言語も異なっているだけでなく、活動の方向性や時間の進み方の感覚も異なる。その関係構築にはつねに慎重な配慮が求められ、いったん関係に齟齬が生じてから、それを修復することの難しさをあらためて痛感させられた。

　今回の共同研究ではもう1つ公民館の運営組織を、地域運営組織に代わりうるものとして構想する可能性にも突き当たった。NPOと同様にどこにでも見出せる組織ではないが、NPOと比べて公民館は社会教育をめぐる法制度上の公式組織であり、行政機関や既存の地域組織との一体的な運営が日常化している（牧野2018）。その分、すでに形骸化し

ている場合も少なくないものの、今回のような集落点検を契機として新たな共同活動を展開する主体として再編成することも可能である。

　もっとも、このように地域運営組織やNPO、さらに公民館といった組織の形態論以上に重要なことは、本研究を通じて「持続可能な地域の未来」像がある程度絞り込まれてきた点である。すなわち、第一藤沢地区（第5章）と白石地区（第7章）での産直・芸能という2本柱からわかりやすくうかがえるように、経済活動と多世代交流を共同することにより地域の未来が再生産されてゆくというイメージである。そのような二重の共同活動の受け皿としては、従来の自治会や公民館、産直組織は機能分化されすぎていて不十分であり、それらを包括・横断する新たな組織が求められる。まさに「地域経営」で模索されはじめているのも、農業者や農業分野の組織が分野や組織の壁を超えた連携であった。

　これに対して、そうした組織化はすでに、常盤野地区では「実行委員会」、第一藤沢地区では「協議会」（第5章）、横浜町では「応援隊」といった名称で、既存組織を生かして始まっているほか、白石地区では公民館（分館）の下に「部会」が設けられ既存組織の機能的拡張が図られている（第7章）。さらに、第6、7章で掘り下げられたように、「地域経営」におけるマネジメント部会やそこから生まれた活動組織も、従来からある農業組織の再構築や機能的拡張として捉えることができる。これらの組織的進化は現在、地方創生で目指されている「地域運営組織」の拡充と軌を一にすると言えるが、何より重要なのは今回の場合、それぞれの地区でオリジナルな展開が生まれている点である。このような地区ごとのオリジナリティを研究者、さらには行政も十分評価し支援しつづけることこそ、地方創生の次の担う地域共創のあり方に他ならない。

（4）世代の再生産という地域に普遍的な使命
　くりかえしになるが今回の研究の重要な知見として、「持続可能な地域の未来」像が、産直・芸能を2本柱とするような、経済活動と多世代

交流をめぐって共同する地域として描きうる点を強調したい。この「経済活動と多世代交流をめぐる共同」を実現する点で、今回の共同研究における地域の拠点の多くが、小学校やその廃校、あるいはその後継のコミュニティ施設を拠点としていたことは偶然ではない意味をもつと考えられる。

現在、その持続が危ぶまれている集落地域の多くは明治の旧村である。それらは学制の普及の受け皿として一義的には小学校を運営する母体として構想されたという。その意味では集落組織の原点の1つは、「小学校」をめぐる共同活動にあると言ってもよい。

「小学校」がどのような学び舎であるかには、それ以降の学校と比べても豊かな、さまざまな意味づけが可能である。たとえば手仕事の実践の場（第3章）や農作物栽培の学びとふりかえりの場（第7章）のように、小学校で経済活動に関わる学びが行われていてもそれほど違和感はない。また、お盆で帰省する出身者たちとの交流の場（第5章）や地域外からやってくる子どもたちや学生との交流の場（第6章）、芸能の練習や実践の場（第5、7章）のように、多世代で語り合い学び合う場は、小学校そのものの姿として思い描くことができる。小学校とはそれだけ誰もが教え手になりうる場であり、誰もが抱く教えたい、育てたいという思いがより飾り気なく発露し、またその手応えも得やすい場だと言えよう。

こうした「小学校」という場が、集落地域の共同活動の核をなしているということは、地域の持続を考える際に重要な意味をもつと考えられる。なぜなら、共同活動の目的が現存世代の生活の安定だけにあるのでなく、将来世代の育成にもすえられるべきであること、また、共同活動の担い手も現在の一人前の人びとだけでなく、半人前の子どもたちにも広げるべきであることを示しているからである。

このような視点で再考すると、地域運営組織やそれに代わりうるテーマ型事業組織、公民館の構想に対してもいくつかの示唆が得られるだろ

う。中・四国の地域運営組織にも廃校を拠点としている例が少なくないが、それはたんに拠点として有用であるばかりでなく、むしろそこでの共同活動の中核に次世代の育成がすえられているか否かが、その組織の持続性にかんする試金石になりうる。また、テーマ型事業組織についても第6章の事例が自然教育団体であったことも重要であり、本来は関係構築の進め方次第では住民と方向性を共有しうる可能性をもっている。さらに公民館においても、社会教育を狭く捉えず経済活動に踏み出したり子どもたちとも積極的に関わったりすることが、共同活動そのものの持続性を保証するものとなる。

（5）地域共創という未来へ

　以上の（1）大学との知見の共創、（2）地域の広がりの捉え返し、（3）独自の組織論、（4）世代の再生産への注力という4つの論点は、地方創生のその先を考えるうえでいずれも欠かせないものである。このうち（1）と（3）は、それぞれの地域にオリジナルな論理を、大学が丹念に掘り起こして言葉にし、地域のみなさんと共有すべき視点に当たる。これに対し、（2）と（4）は、どの地域でも、忘れがち、手間を省きがちではあるが、念頭に置くべき視点と言える。もちろん、だからと言って大学側が一方的に地域に勧めるというよりは、（1）と（3）の視点を大事にして、地域のみなさんとともに（2）も（4）も具体的に再確認してゆくことが望まれる。第6章の表3にあったように、これら4つの論点は互いに関連し補完しあうものである。

　以下、それぞれの論点の応用可能性を再確認すると、まず（1）については、2016年度から「地方創生に資する大学改革」として国でも議論が始まり2017年度には一定の方向性が示されている。そこで示された「地方大学の特色化」や「地域産業への就労人材の育成」などの重点を、それぞれの地域でより具体化してゆく際に本書の知見は有用である。本書では一貫して、地域で当たり前となっている日常や実践の価値

を掘り起こして言葉にし、新しい価値を広く社会や世界に発信することを目指していた。その結果、第2章における「コンパクトシティ」の考え方の問い直しは具体的な計画として結実しつつあるし、第5、7章でのワークショップとファシリテーションのこれまでにないあり方の提案も、国主導の農協改革に対抗した「自己改革」を謳う全国の農協（平井2018）をはじめ、注目される機会が増えている。

　弘前大学の文脈で言えば、先ほどの「特色化」や「地域産業」といったテーマの中核を担うべく設立された北日本新エネルギー研究所（現・地域戦略研究所）から、再生可能エネルギー事業の構想を地域で具現化してゆく研究の支援を求められ、今回の研究の成果が基礎となるかたちで2018年度から動き出している。具体的には、「未来づくり」事業のパートナーである脇野沢地区で、今回の研究を通じて立ち上がった地域組織が受け皿となって、豊富な森林資源の活用を目指す研究である。エネルギー事業のノウハウはあっても、それを担う地域の受け皿があり、かつ、その受け皿とのやり取りを通じ、それぞれの地域固有の歴史や考え方を吸収してノウハウ自体も修正してゆかないと具現化できない。そうした「地域共創」の必要性と可能性に大学も気づきはじめ、地域の側も手応えを得はじめているのである。

　次に（2）や（3）についても、これまでの地方創生ではそれぞれ「集落生活圏」や「地域運営組織」などがモデル化されているものの、（1）のように実際に地域とともに実践を深めてみると、別な様相が見えてくる。国が示す「集落生活圏」は「コンパクト＆ネットワーク」とネットワークに配慮していると言っても、ある区切られた範囲（たとえば（旧）中学校区や旧町村など）でのネットワークにとどまる。これに対し地域に入ってみると、車で1時間程度の距離は日常的に往来する範囲であると同時に、祭礼や芸能などといった共同作業の絆がなければ、たとえもっと近い距離でも往来が途絶えることがわかってくる。「地域運営組織」にしても、組織のあり方は地域それぞれの文脈によって異なるうえ、

パターン化された「課題」から始めるのでは組織そのものが持続しない。そもそも「課題」解決を旨とする組織が存続できるのであれば現在の危機的状況は生まれないし、何より共同活動をしさらにそれを組織化する根本にある、その活動や組織で何を実現したいのかという理想がなければ、活動も組織も根のないものになってしまうからである。

　そうした「地域であることの根」を考えるとき（4）の論点が重要になってくる。これまで地域とは物理的な空間の広がりとそこでの人びとの暮らしとして、つねにすでにそこにあるものとして考えられてきた。どこの地域に行っても常会や自治会があり、会長さんがいて、とりあえず話を聞いてくれるものだと、私たちも考えてきた。ところが研究を進めるうちに、もはやそうした状況は前提にできず、むしろ地域でのつながりの場づくりや仲間づくりを今、ここから始めてゆく必要が、どこでも痛感されたのであった。

　本書ではそうした「つながり」が、意欲的な農業法人（第3章）や女性たち（第6、7章）、若者たち（第7章）を核としたときに、より持続的なものになりうると地域の現場から教えられた。それは一見、今を生きる人びとどうしのつながりに見えるが、より重要なことは、それらを核とすると、世代間のつながりや次世代との「バトンリレー」（筒井2018）を展望しうる点である。

　しかもそれはたんに今の活動や組織だけの継続性が願われているというよりも、もともと「地域」というのはそうした世代間の関わりを大切にしてきたからではないかと考えられるのである。このように世代間がつながり、次世代が誇りを持って地域に根ざしはじめることが実現されて初めて、地方創生にその先があったと後世、評価されるだろう。そうした息長く、地に足の着いた、できるだけ多くの取組みに、大学も持続的に寄与すべきだし、本書はそれが十分になしうることを示している。そのような大学と地域との「地域共創」がどこでも当たり前に行われている未来に向け、地域のみなさん、これからも気軽にお声かけいただき、

ともに一歩一歩進んでゆきましょう。

文　献
藤山　浩（2015）『田園回帰1％戦略』農文協。
平井太郎（2018）「官製ワークショップをいかに農村に根づかせるか？」『JCA研究REPORT』3：1-10。
今井　照（2017）『地方自治講義』筑摩書房。
牧野　篤（2018）『社会づくりとしての学び』東京大学出版会。
小田切徳美（2014）『農山村は消滅しない』岩波書店。
筒井一伸（2018）『移住者による継業』筑摩書房。
山浦陽一（2017）『地域運営組織の課題と模索』筑波書房。

著者紹介 (50音順)

北原 啓司（きたはら　けいじ）
　弘前大学教育学部　教授、同大学院地域社会研究科研究科長
　都市計画、まち育て、コミュニティデザイン、博士（工学、東北大学）。
　住総研清水康雄賞受賞。

近藤 史（こんどう　ふみ）
　弘前大学人文社会科学部　准教授
　地域研究、生態人類学、博士（地域研究、京都大学）。

佐々木 純一郎（ささき　じゅんいちろう）
　弘前大学大学院地域社会研究科　教授
　中小企業論、地域ブランド論、博士（商学、大阪市立大学）。

白石 壮一郎（しらいし　そういちろう）
　弘前大学人文社会科学部　准教授
　人類学、地域研究、博士（地域研究、京都大学）。

杉山 祐子（すぎやま　ゆうこ）
　弘前大学人文社会科学部　教授
　生態人類学、地域研究、博士（地域研究、京都大学）。
　弘前大学表彰受彰。

土井 良浩（どい　よしひろ）
　弘前大学大学院地域社会研究科　准教授
　地域計画学、コミュニティデザイン、博士（工学、東京工業大学）。

平井 太郎（ひらい　たろう）
　弘前大学大学院地域社会研究科　准教授
　社会学（都市、村落、住宅をめぐる合意形成）、博士（学術、東京大学）。
　日本都市学会論文賞受賞。

藤﨑 浩幸（ふじさき　ひろゆき）
　弘前大学農学生命科学部　教授
　農村計画学、農業農村整備、博士（農学、東京大学）。

ポスト地方創生
－ 大学と地域が組んでどこまでできるか －

2019年3月11日　初版第1刷発行

編著者	平井太郎
著　者	北原啓司　藤﨑浩幸　佐々木純一郎　土井良浩
	白石壮一郎　杉山祐子　近藤史
発行所	弘前大学出版会
	〒036-8560　青森県弘前市文京町1　**HUP**
	電話 0172 (39) 3168　FAX 0172 (39) 3171
印刷所	やまと印刷株式会社

ISBN978-4-907192-69-3